U0928142

创意媒体

CREATIVE MEDIA

主编 王鸿海

执行主编 牛兴侦

社会科学文献出版社
SOCIAL SCIENCES ACADEMIC PRESS (CHINA)

《创意媒体》编委会

目录
CONTENTS

·影像艺术·

·影视文化·

·电影批评·

·视听技术·

·产业发展·

·市场营销·

·媒体传播·

·教学研究·

·文献研究·

影像艺术

浅析当代影像与架上绘画的关系

矫海默*

摘　要：在绘画发展的漫长历史中，艺术创作的内容以表现自然界中的现实存在为主。在当今多层次背景下的信息社会，影像和图片充斥于我们的日常生活，绘画的功能和创作方式也相应发生了转变。理性地运用影像和图片进行创作，拓展绘画发展的空间，是当代艺术家所承载的艺术责任。身处社会中的每一个人都能够制造并利用图像，大量的当代艺术家开始对公共图像进行挪用，在影像丰富的今天，我们应理性处理绘画和影像的关系。重视技术和观念的表达，合理地运用图像，通过绘画的技艺来切入图像，发掘图像更丰富的意义，才能拓展绘画艺术的发展空间。

关键词：架上艺术　图像文化　传媒

引　言

在数字化的今天，图像以不同以往的速度快速传播。当图像进入艺术领域，架上绘画与图像便开始了相互深化又不断博弈的过程。图像与架上艺术作为当下时代制像艺术的方式皆秉承其自身的特性，不同程度地受到现代主义或后现代主义的影响，然而两者都不能脱离艺术的本质属性。

* 矫海默，北京电影学院现代创意媒体学院视觉艺术系讲师，硕士研究生。

一 创作方式转变

在传统架上绘画发展的漫长历史中，艺术创作的内容以表现自然界中的现实存在为主，从史前洞窟壁画到拜占庭时期以及文艺复兴时期的绘画，再到后来的古典主义、印象主义、现实主义的艺术创作中，我们可以看到画面当中的大量内容是通过对自然界中的种种对象进行写生和利用艺术规则进行提取而获得的。而随着科技的飞速发展及其带来的照相机、电脑以及丰富的图像处理软件的普及，当代艺术家的创作与影像和图片的关系也变得更为密切，有的以写生图像代替写生自然，丰富的图像资源为艺术家提供了更为便捷的艺术创作方式。高品质的图像在某些方面的优势是传统架上绘画所无法企及的，同时也拓展了艺术发展的空间，给我们提供了更多新的视觉体验，使我们从一个全新的角度来认知我们身处的世界。我们一度认为图像可以代替绘画，大量的艺术家开始借用图像进行创作，但实际上艺术创作的原则，即从生活到艺术的理念一直未从本质上改变。各种艺术主义和艺术流派在美术史的发展中创立了繁多的艺术目标和新的艺术创作理念，甚至在某些方面背离了传统绘画的创作原则，而这些新的艺术成果随着社会的不断发展也逐渐为我们所认知和接受，并且一部分进入了我们的艺术教学当中。伴随着这些新理念不断地融入教学，我们的创作方式也逐步发生改变，新一代的艺术家比起早期传统的艺术家更多地依赖图像。其中包括自我选择和大众媒体制造流行图像，传统的艺术创作模式受到了巨大的挑战。新一代的艺术家们似乎不再需要用科学的方法在画面上重建真实，也不需要从内部结构到外在表象了解生活，而是更加注重从生活中现成的图像寻找艺术创作的元素和灵感。在某种程度上脱离了现实存在，但实际上无论是运用图像还是写生现实，我们的创作素材都来源于我们生活的世界，我们的艺术创作的方式和内容无不跟我们的自然世界有着千丝万缕的联系。

西班牙当代画家安东尼奥·洛佩兹和美国艺术家安迪·沃霍尔是运用两种截然的不同创作方式的代表。安东尼奥·洛佩兹是当代西班牙具象画家的领头羊，他坚持运用实景写生的方式表达自己的艺术理念，所描绘的对象是当代都市特有的城市风景，更加贴近当代人生活的环境。这种实景写生的方式通过对事物细致入微的研究和对光线丝丝入扣的描绘，为平凡的事物注入了当代人的生存体验。美国艺术家安迪·沃霍尔是运用新创作理念的代表，被誉为20世纪艺术界最有名的人物之一，是波普艺术的倡导者和领袖，也是对波普艺术影响最大的艺术家。他大胆尝试凸版印刷、橡皮或木料拓印、金箔技术、照片投影等各种复制技法。安迪·沃霍尔生前曾说，在潮流急转的时代，每个人都有十五分钟的知名度。玛丽莲·梦露的头像是沃霍尔作品中一个最令人关注的母题。在1967年所作的《玛丽莲·梦露》画作中，画家以好莱坞性感影星的头像为画面的基本元素，以丝网印刷的方法不断搭配色彩，一排排地重复排立。这些色彩简单、整齐单调的梦露头像，反映出机械复制时代技术所带来的新的视觉体验，也拓展了艺术发展的空间。这两种具有代表性的创作方式可以代表当下架上艺术的发展状态，也代表了大部分艺术家对绘画发展的思考。

照相机、电脑和数码产品的蓬勃发展使公众对于图像的获得变得便捷而迅速，随之而来的是大量唾手可得的多媒体图像，这些图像充斥于我们的生活中。可以说，现今的世界几乎就是一个影像的世界。苏珊·桑塔格在《论摄影》中说过："我们对现实的理解，绝大部分是通过影像提供的信息来进行的。"毋庸置疑，影像在人们生活中的大量使用，是其进入架上绘画创作的基础。

影像的泛滥，使其成为最简易的、便捷的创作素材，被艺术家大量地运用于绘画创作当中。如今的架上艺术，影像如影随形。影像秉持它的优越性，占据并吞噬着日常生活中的每一个空间，同时也迅速融入艺术创作中去。当代大多数艺术家有过利用影像素材创作绘画作品的经历，无论是从影像中寻找灵感，还是挪用影像中的形象，这确实已经成为艺术创作不可缺少的部分。

二　当代艺术创作中多媒体图像对于架上绘画的影响

影像与图像的迅速发展对架上绘画产生了巨大的影响，对待图像的态度以及如何选择图像已成为大多数艺术家关注的问题。艺术家开始认真研究大众文化，并在创作中巧妙挪用公共图像。发掘公共图像与现实的替代关系，敏感地领会其中隐含的特殊意义，进而把其带入一种超常态的、荒谬的艺术语境中，以引起人们对现实的反思。与传统意义上的原创性不同，许多喜欢挪用公共图像的当代艺术家在创作中强调的是对公共图像的再发现与再创造。也有很多艺术家为了更流畅地表达自己的思想和处理艺术语言，常常要亲自设计场景，并进行抓拍。艺术家就像导演，他所要表现的事物是演员，通过安排这些“演员”来传达“导演”的思想。这时，照相机变成了一支笔，它瞬间记录了整个场景所处的状态。有时，艺术家还会对照片进行数码处理，使其达到恰如其分的状态。这使绘画作品更好地表达作者自己设定的意义和思想框架，不仅表达得更为通畅，观者的阅读也会变得更为顺畅。如比利时画家图伊曼斯便是这方面的代表，他的作品素材大部分源于现存的图像资料和照片，从日常物品到肖像、风景，他根据创作的需要截取、放大图像，以各种方式重新演绎图像的意义，同时也赋予绘画作品新的视觉感受。

图伊曼斯的作品取材广泛，从日常物品到人的肖像、肢体，从室内环境到室外风景，从历史题材到时事政治，其绘画的独特之处在于，粗暴、直接且冷漠地触及权力、国家机器、操纵，以及隐藏的政治结构等问题。第二次世界大战、纳粹主义、大屠杀、比利时的殖民史、法兰德斯的极端右翼势力、重要的历史人物、帝国主义以及天主教均能在图伊曼斯的作品中找到安身之所。他以嘲弄却看似毫无关联的方式处理意味深长的政治主题，图像本身仿佛是置身事外的看客，不经意地被艺术家扮成历史的见证。在很多艺术家都认为绘画保守且不能充分体现当今信息膨胀的内容时，图伊曼斯仍孜孜不倦地在画布上创作。很多人认为绘画是与当代艺术语言脱节的古老形式，他尝试去挑战这一观念。他的绘画图像模糊不清，不直接交代场景和内容，通过各种暗喻让人们产生联想。也许就如他说的：“好的画作应该具有于无声处听惊雷的力量。”

虽然图像时代的到来使架上绘画创作与多媒体图像息息相关，但图像并不能取代架上绘画作为艺术创作主体形式的地位，对于这一点当今的艺术界给了我们巨大的信心。虽然多媒体图像泛滥并被大量应用于架上绘画创作当中，但它只是一种工具和手段，而非绘画本身。大多数艺术家对架上绘画创作有深切的情感。对于艺术家来说，架上绘画仍然是观察自然、认识自我最好的途径，这种方式人性而不机械、温和而不冰冷，不仅是审美、思想的表达，也是一种生命体验。在欧洲的许多国家，虽然行为艺术、影像艺术已经非常流行，但是架上绘画并没有因此而被抛弃，它仍然作为绘画创作的主要方式存在并发展。

三　运用图像创作及体会

图像是当代社会的产物，它本身承载着当代的大众文化。一些艺术家敏感地察觉到影像的深层次意味，巧妙地运用图像素材创作出大量精彩的、深刻阐释当代观念的艺术作品。但我们也应该看到，当代艺术界对图像的滥用现象也相当严重。照抄照搬图像，以此弥补自身技术和创造力的缺陷，看似时髦，实则哗众取宠。还有一些艺术家，他们过分执迷于影像的表达，降低了对技术的关注，这也同时降低了绘画的艺术性与品质。以上的情况在当代的艺术市场中屡见不鲜，在这个变革又充满浮躁的社会中，我们的认知水平和对事物的接受程度都在发生变化，我们变得可以接受以往不被接受的事物。社会的发展中出现的新事物和新的认识已经不能完全用传统的价值观来评判，对于绘画态度，虽然这里没有对错好坏之分，但我们依旧要做出选择，一个忠实于内心的选择。

绘画的魅力，是人类思想和手工技术的魅力，是在透视、色彩、造型等基本绘画元素的构建中散发出来的人性智慧的光辉，是人类不断实践的结果，也是绘画的基础。好的技术可以传达作品不同的表情，而作品就是艺术家的智慧体现。

在米开朗琪罗的一幅素描中，我们却可以在其中体会到作者所要表现的粗犷的精神实质。原因之一或许在于用线的技巧，比如画中人物举起的右臂，肱二头肌高高凸起，作者用又黑又粗的线条把肌肉的力度和弹性表现得淋漓尽致。试想，如果换成纤细圆润的线条会是如何呢？或许也能做到真实地再现，但很难表达得如此有震撼力。这就是技术的魅力，技术本身就是一种对世界的看法和关怀。好的技术可以完整地、流畅地表达思想，而不好的技术则很难将情感思想传达透彻。

从古至今，无论是 14 ~ 15 世纪的古典绘画，还是 19 世纪以后的现当代艺术，绘画一直在表达周围的生活，人们在生活中寻找视觉对象，并进行创作。图像本身也是一种视觉对象，它只能作为我们创作的对象，过分注重图像本身的冲击力，而忽略了技术和思想这两个绘画基础，也就丢失了一个艺术家应有的品质。

在笔者的创作中，笔者选择了一些本人周围的、熟知的人的照片，以这些照片为素材进行创作。笔者所选择的这些女孩并没有普遍意义上的美丽，她们的年轻和活力，还有未经世俗浸染的单纯而充满好奇的眼神，是笔者选择表现的初衷，人生最美好的时间莫过于青春，笔者希望把她们平凡简单的美丽留在画面上。她们在笔者的作品中表达出诗样的气质和时间凝固的状态，笔者在每张照片中截取一个部分，进行创作，刻意追求一种不完整性，通过这种视觉感受，给观者留下想象的空间。

在工作方式上，艺术家和大多数人没什么两样，不论我们从事什么样的工作，这都是我们活着和人与社会发生关系的一种方式，一天又一天，日积月累，循序渐进，努力使每一天有所成就，新奇的想法和所谓的灵感也就在这样的生活方式中出现。笔者喜欢不断地重复绘画的动作，这让笔者心平气和，让笔者看到和体会到更多的东西，也让笔者觉得宁静而快乐。

这种富有禅意的工作方式也是一个救赎灵魂的过程，在创作的过程中，笔者努力建构自我与作品、与描述对象之间的关系，用画笔来记录生活的片段和感受，把目光拉回到自己的日常生活中，远离宏大叙事的重负，以一种平和的态度切入绘画，有时感到自己的情绪和身体都在与作品的交流中发生了细微的变化。在往复的、近似机械的勾画过程中，笔者渐渐体会到个人与作品之间的融合，最终到达一种自我的消亡。也许生活本身就是一种平淡的消亡。这种体验让笔者领悟到中国古代山水画中以形悟道的境界。这种思想的变化，以及反复涂抹的手工性，是冰冷机械的摄影图片无法实现的，它包含了更多的个人感受和人情味。这就是绘画所具有的无法替代的魅力。

结　论

在多媒体图像充斥艺术创作的时代，绘画与图像的界限渐渐模糊。影像在绘画的创作中占有重要的地位。影像以其资料获得的简易性、快捷性，为绘画创作提供了极大的方便，是绘画创作中不可多得的重要素材。

同时，作为大众文化的重要载体，图像本身的社会含义、精神意味也被绘画创作大量借用，进一步提高了绘画的思想性。但我们也应注意到，当代画界一些滥用图像哗众取宠的虚伪行径。应该说，图像的意义是重大的，它深刻地改变了架上绘画的观看方式、制图方式及取材方式，但它绝不能成为抽空技术的理由，毫无智慧地简单挪用是粗鲁低劣的。我们应该时刻谨记绘画的技术基础和精神基础——技术对于思想的流畅传达。我们也应时刻遵守作为一个艺术家、作为一个手艺人的职业操守和诚实的品质，唯有此，我们才能辩证地看待图像与绘画的关系，才能从这门古老的技艺中发掘新的活力。

参考文献

〔美〕约翰·拉塞尔：《现代艺术的意义》，陈世怀、常宁生译，江苏美术出版社，1990。

〔英〕韦尔斯：《世界简史》，郭清香译，贵州人民出版社，2004。

邵大箴主编《图式与精神》，中国人民大学出版社，1999。

易英：《西方20世纪美术》，中国人民大学出版社，2004。

〔美〕苏珊·桑塔格：《实验艺术丛书：论摄影》，黄灿然译，上海译文出版社，2008。

肖鹰：《中西艺术导论》，北京大学出版社，2005。

冯黎明：《技术文明语境中的现代主义艺术》，中国社会科学出版社，2003。

顾铮：《西方摄影文论选》，浙江摄影出版社，2004。

浅析民国时期“时尚摄影”的风格特点

刘翔远 *

摘　要：中国时尚摄影，由于其发展晚、时间短，一直是在摄影体系中很少被人谈及和研究的门类。特别是对于早期的时尚摄影，有所提及的历史资料和学术论文更是少之又少，更多的是把时尚摄影包含在了广告和服装的学科之中，并没有在中国早期摄影门类中得到明确的划分与定位。本文通过对民国时期的历史、广告史和摄影史的研究，将“时尚摄影”从中分离出来，并对其进行研究与总结，作为中国早期时尚摄影的探索，整理和总结出民国时期时尚摄影的风格特点。

关键词：明星照相馆　电影　时尚摄影

摄影术发明至今已有近 200 年的历史了，在此期间，摄影以极其迅猛的速度蓬勃发展，演变出了很多的摄影门类及风格流派。从一开始，摄影就被冠上了“真实”的名号，它以超越绘画的真实迅速在报纸、杂志中取得了不可替代的一席之地。摄影对于现实的复制，使得越来越多的人可以通过书籍报刊等方式快速了解并真实感受到身边或大洋彼岸的奇闻逸事、风土民情、艺术与科技。时尚，这一外在审美追求的性感辞藻也开始与摄影交织在一起，以一个崭新的传播形式出现在人们的生活中。

当摄影被公之于世之后，它以一种对世界全新的认知角度、以前所未有的视觉艺术表现手段颠覆了人们观看世界的方式。摄影技术的横空出世

---

* 刘翔远，北京电影学院现代创意媒体学院摄影艺术与技术系助教，硕士研究生，主要研究方向：图片摄影创作。

为时尚的表达拓展了一个全新的认知方式，并凭借能够迅速复制和传播的特点，将时尚信息传递到世界的各个角落。对于时尚一词的深刻认知，尤以西方见长，自19世纪初，就出现了以《哈泼斯市场》和《时尚》杂志为代表的时尚期刊，这也使得时尚摄影获得了巨大的发展空间。以时尚摄影之父巴隆·阿道夫·德·梅耶尔为代表的时尚摄影师开始在《时尚》(*VOGUE*) 和《名利场》上大展拳脚，为西方时尚摄影书写下辉煌的一笔。

综上可见，对于中国时尚摄影史料的梳理和研究是非常有必要的，它不仅见证了中国自辛亥革命后与西方在时尚文化上的交融与发展，而且可以通过某一时期人们的穿着打扮来了解当时人们的审美需求并对这一时期的社会文化进行深入的研究，进而从另一个角度体现了摄影与商业相互成就的“亲密”关系。要研究中国时尚摄影的发展脉络，不得不从1844年摄影术进入中国并迅速发展开始谈起，到后来名媛名伎的“明星”效应使得“时尚摄影”开始萌芽，再到中西方电影在上海的盛行，加快了“时尚摄影”在中国的成型。这三个阶段组成了能够形成民国时期“时尚摄影”风格的背景。

一 “时尚摄影”在民国

(一)“摄影术”在中国

近代的中国摄影史的研究学者在进行了深入的西方摄影史学习后，更希望中国这个古代科技文明大国能够参与到世界摄影技术的发现中去，并像四大发明一样为现代文明注入强有力的催化剂。“小孔成像”的光学原理早在先秦时期的墨家学派就有记载，后也同样被画家用于作画中。但根据目前所发现的史料，中国的摄影术是1844年由法国人于勒·埃及尔首次传到中国的，19世纪50年代后摄影技术开始真正在中国生根，由于中国当时正在被迫走向世界开放的道路，摄影在中国的广泛应用与传播几乎是与西方同步的。在中国正式出现商业形式的照相馆之前，一些懂得摄影技术的摄影师在中国沿海进行巡回拍摄，每次在一个通商口岸进行几周的短暂停留，并在到达下一个口岸前先在报纸刊登广告宣传。[①] 直到19世纪50年代

① 陈申、徐希景：《中国摄影艺术史》，生活·读书·新知三联书店，2010。

才出现了商业营利性质的照相馆，其中既有中国人开办的，也有外国人开办的。营利性质的照相馆的出现，意味着摄影正式开始呈现其商业价值，这种价值伴随着国内经济的发展，开始展现在社会生活中的各个角落。有史料明确记载的中国人开设的照相馆是由广东人罗元佑在辞去官职后，拜师法国人李阁朗在上海开设的。其技法高超与备受推崇的程度，在王韬的1859年3月13日的日记中可见一斑："晨同小异、王叔、若汀入城。往栖云馆，观画影。见桂、花二星使之象皆在焉。画师罗元佑，粤人，曾为前任道台吴健彰司会计。今从西人得受西法画，影价不甚昂，而眉目清晰，无不酷肖，胜于法人李阁朗多矣。"① 其中所提到的"桂、花二星"是指1858年6月与法国签订《天津条约》的清朝钦差大臣、大学士桂良和吏部尚书花沙纳二人的肖像。由此可见在19世纪50年代清朝官员的照片已经被照相馆当作自己橱窗中的广告来使用了。

随着印刷技术的不断发展，摄影的商业用途不断拓展，摄影最终代替绘画成为商业广告宣传的主要方式，这为"时尚摄影"的萌芽提供了充足的条件。

（二）"时尚摄影"在清末民初时期的萌芽及其概况

在当时，摄影还是昂贵的消费品，除了达官贵人、皇亲国戚乐于拍摄并能够支付得起费用，当时市井百姓中名伶名伎最为踊跃。为这些美人拍摄，不仅能够增加摄影作品的销量，还能够成为照相馆最佳的广告，最重要的是这种美女照片迅速在市面中流传开来，为当下的百姓建立了一个审美标准。正如1872年袁祖志的《海上竹枝词》中所说："传神端不藉丹青，有术能教镜现形。赢得玉人怜玉貌，争模小影挂云屏。"又如朱文炳的一首《海上竹枝词》中所说："照相申江几十家，门前罗列尽娇娃。"② 可见当时照相馆已经开始使用名伎的倩影作为自家的宣传，并且艺伎的照片已在市井广为流传。作为美丽和性感化身的艺伎，她们的着装打扮是当时社会的时尚风向标，摄影作为时尚传播载体以艺伎照片的传播方式在19世纪70年代开始正式呈现。这可谓中国时尚摄影的雏形。

---

① 王韬：《瀛壖杂志》，江畲经选编《历代小说笔记选·清》（四），商务印书馆，1934。

② 《申报》1872年5月18日。

在之后的70年的时间里，随着摄影技术的发展，越来越多的摄影师和照相馆开始展示自己的作品，并以此来探讨摄影技术与摄影在新时代审美的情趣的发展，虽没有明确地为服装品牌拍摄照片以供宣传，但引领着当时的购物消费，只是当时还没有加以“时尚摄影”一词来定性。例如，《良友》画报从1926年创刊开始，几乎每期的封面都是由摄影师和各大照相馆拍摄的打扮时尚的明星及名媛的照片，每当新画报出版，都引导着当时的时尚消费热潮，但当时并没有刻意地为服装品牌或商家做宣传。直到30年代，明星照片与商品广告开始拼贴（如蝴蝶牌化妆品企图获得名人效应，在文字广告上附有电影明星胡蝶的时装肖像），才算是时尚与摄影结合后的商业价值的显现；再到一些照相馆和新闻记者拍摄的时装表演中做模特的明星、名媛，为了展示服装而发表至画报等媒体上的专门做服装宣传的摄影，中国的时尚摄影从商业意义上真正得以确立和定位。

由于“时尚摄影”体系与技术的不成熟，细加推敲，我们便可以从当时的商品广告中归纳总结出当时“时尚摄影”的风格类型。但由于历史与政治的原因，中国摄影发展缓慢，尤其是在商业广告方面，受苏联社会主义模式的影响，实行计划供应和统购统销的政策，忽视市场的作用，导致了商品经济不发达，广告业也就失去了成长的条件，发展受到限制。① 这导致“时尚摄影”一词直到20世纪90年代才开始出现。民国时期“时尚摄影”的发展几乎是与世界同步的，这个时期的时尚摄影为中国时尚摄影的正式出现奠定了有力的基础，提供了优秀的参考范例。

二 早期“时尚摄影”的风格特点

中国早期“时尚摄影”的风格已初具现代时尚摄影风格的端倪，在商业宣传的方式上也已有一套成熟的广告体系。由于摄影器材及拍摄条件的限制，没有过多的拍摄手段供摄影师去发掘和创新。客观真实的记录已经是当时最有力的宣传方式。早期“时尚摄影”同样涉及人民生活的方方面面，特别是以辛亥革命和五四运动为两大时间节点，中国留学生增多以及西方文化和价值观的日益冲击，使得民国在服饰、发型、首饰、鞋帽的选

① 许俊基：《中国广告史》，中国传媒大学出版社，2006。

择上都出现了西风东渐的现象。而原本就势单力薄的民族工业，面对世界各国外来商品来华倾销，不得不通过参与抵制洋货运动和改革广告宣传方式来维持经营。以中国新式毛纺织工业为例，上海第一家近代机器毛纺织厂“日辉织呢商厂”由于外商的冲击几经转手，最终于1928年倒闭。而此时，民族实业界刘鸿生先生购买了中国第一毛纺织厂的资产，在上海的周家渡成立了“章华毛绒纺织公司”，后来为了不被日商挤出市场，一方面加强经营管理，改进技术；另一方面运用各种新式的广告大做宣传，曾把新婚夫妇的肖像摄影作为其广告的图片，加之紧紧依托全国人民抵制洋货、提倡国货的爱国热情，其产品风行一时、销路畅通。其后，更多的纺织厂、化妆品厂等都仿效这一方式，来抵抗外国商品的冲击。

我们可以看到，这只是摄影与摄影宣传的结合，并没有明星的参与和代言来带动大众的消费热情，而且布料厂的广告也毫无时尚可言，这也只能算是摄影与商业合作的尝试，并没有在真正意义上到达时尚摄影的层面。其既没有时尚产品、时尚元素，也没有带动时尚消费。然而此时，时尚摄影已在欧洲初具雏形，越来越多的有宣传观念的外国商家开始思考如何将其运用到其产品在中国的销售中。

（一）肖像摄影与商品的文字、绘画的拼贴

人物肖像与商品文字、绘画的结合，并不是摄影作为商业宣传而开创的先例。在清末民初就有以月份牌的形式售卖的香烟，多是美女照与香烟的结合，这样既可以吸引男人来购买香烟，又可以将月份牌留作纪念。在20世纪20年代时尚摄影诞生之初受到摄影和印刷技术的限制，最初所谓的“时尚摄影”其实与服装无关，它以拼贴的手法来为商品提供图解文字或提供信息的插图。被称为“时尚摄影”是因为其代言的物品都有时尚流行的要素，且都具备时尚的时效性，其中以化妆品尤甚。例如20世纪30年代女明星胡蝶为化妆品做广告，上海名媛肖像用于“三花牌”化妆品广告，等等。然而这些照片都不是为了广告宣传而摄，只是照相馆的黑白照片与文字信息的拼贴。从而更多地被解读为明星们的肖像供商家出钱做自我宣传，最后由消费者买单形成时尚潮流。

这种肖像与商品拼贴的方式逐步发展为由明星模特手持商品直接拍摄，并在旁边标注广告词的方式，由此奠定了广告代言的基本形式。我们可以

看到现在各大商场的化妆品柜台的大型灯箱，都是以这种方式进行广告宣传的。虽然这种“时尚摄影”的价值已凸显出来，但我们并没有像西方社会一样有一本专注于时尚走向的杂志供摄影师发挥其才能，在时尚照片的拍摄中大展拳脚。

（二）影视明星及社会名媛代言

从1905年中国国产影片《定军山》问世，到20世纪20年代末，越来越多的中国电影被大众所熟知与喜爱，电影成为资产阶级、富商贵族、小资产阶级、知识分子都喜闻乐见的娱乐方式，越来越多的银幕形象也被大家所喜爱，逐渐成为人们心中的明星与偶像。

用名人、明星做宣传不是电影的专利，早在清末，就有中国人罗元佑开设的照相馆用政府要员的肖像来招揽生意，而且随着时代的更迭，其他照相馆则多在橱窗里挂有梅兰芳的《天女散花》或者《黛玉葬花》等戏装照片。[①] 但这也只是以摄影的方式为照相馆做宣传，而与时尚无关。20世纪30年代是中国资本主义工业发展的鼎盛时期，广告业得以快速发展，这也是电影艺术事业大发展的时期，影片中的繁华与摩登的生活不仅影响了人们的价值观念，而且催生了一批电影明星。与之而来的明星效应被聪明的商家用在了自家的商品推广上，以王人美、阮玲玉、胡蝶、徐来、袁美云、陈燕燕、叶秋心、黎明晖为代表的上海八大明星美女，凭借其娇媚动人的形象博得广告市场的青睐。其中，以胡蝶最为著名，也收益最多，先后被力士香皂、先施化妆品、福昌烟草公司邀请为其品牌代言。上海家庭工业社出品的“无敌牌”化妆品，不仅用胡蝶的彩色照片（后期着色）做广告，还用了胡蝶手写的广告词：“禁止接吻，新搽了胭脂和唇膏呢。”更有甚者，“八大明星”与白虹、谈瑛、黎莉莉、胡萍等诸影星联袂为“无敌牌”化妆品做广告，百媚竞相，为一时之盛。此外还有袁美云为冠生园中秋月饼做广告，王人美为广东兄弟橡皮公司的球鞋和上海家庭工业社出品的碟霜与牙膏做广告，白杨为振亚行的“美勃丹”药用香粉做广告，秦怡为源昌绒线公司的“双猫牌”毛线做广告。[②]

---

① 宿志刚、林黎等：《中国摄影史略》，中国文联出版社，2009。

② 许俊基：《中国广告史》，中国传媒大学出版社，2006。

明星代言所提供的商业价值仿佛是从明星诞生起就具有的，哪怕是在现在，明星代言也同样是商品营销非常重要的手段之一。消费者不仅仅是冲着自己喜爱的明星去消费商品，更是因为对于自己喜爱明星的信任，所以明星为了自己的名誉和之后的演艺道路考虑，往往对代言商品的选择都非常慎重，同时也慢慢衍生出了模特这个专为时尚代言的职业。

（三）照相馆画意风格的美人照

由于照相馆在中国各大城市的兴起，加之摄影技术与技法的日新月异，学习摄影的门槛也越来越低，很多有识之士加入摄影师的队伍之中。1913年，杜就田编译的《新编摄影术》序言中提到："自从干板流行以后，摄影工艺上渐变，使用者越来越多，从事经营照相也的人越来越多。"其中既有出于对摄影的热爱，又有对于摄影商业发展前景的期望。在这个时期，照相馆的市场已经渐渐扩大，从官员、商人、社会名流到平民百姓，很多人都能享用这个新的技术。很多照相馆为了能在激烈的竞争中占有一席之地，甚至不惜派摄影师出国学习先进的摄影技法与影像风格。其拍摄手法逐渐从自然光的纪实人物风格，到后来为了招揽客人特意从国外购买灯具，创作出了布光、置景、服装、化妆、摆姿都非常讲究的影像。1903年"工艺学堂"在一些省份设立，培养出了一批擅长画油画的专业人才，这也为西方艺术文化在中国的快速传播奠定了基础，同时这些专业的人才也为照相馆画了大量的布景，以供拍摄使用。照相馆的摄影师们依据这些"西洋文化"的形式，结合中国文化总结出了一套适合中国消费者的表现方式和影像风格，讲究的构图与用光，以及人物的站位、道具的摆放，颇具西方绘画风格。现代照相馆的雏形渐渐确立起来。

因为早期摄影为黑白照片，所以，在商业的广告宣传上以月份牌的形式为主。月份牌的题材主要是美女，又分为古装美人和时装摩登美人两种。这也直接影响到了后来的时尚摄影的影像风格。摄影能够取代"月份牌"是因为其所具有的真实性，在摄影技术尚未发明之前，许多艺术领域都或多或少地对当时的服装进行描述，但这些都没有时装摄影传达的服装信息直接、迅速和全面。时装摄影在记录和传达服装信息方面具有其他艺术无法比拟的优势，时装摄影图片不仅可以准确地描绘出服装的廓形、颜色、面料、细节特征，还可以传达出着装者的心理感受和时代风貌。罗兰·巴特把摄影中的服装归结为臆想服装，同书写服装一起传递着流行信息。在其论述中，臆想激发了幻想，语言刺激了占有欲。臆想服装让受众沉醉在幻想之中，梦想把自己等同于照片中的模特。[①] 摄影师几乎是无意识地披露了他们那个特定世界里极端却又完整的时装信息，而且通过美人照得以延伸。明星的容貌、气质、情绪及姿态等，可以使无生命力的时装充满生命，可以把时装的形式美和内涵表现得淋漓尽致。通过美人照的方式把对着装时尚的感受传递给观看者，用观看者心理状态去体会时装的乐趣，从而在心理上拉近了与观看者的距离。

然而这种照相馆“写真”逐渐发展成为现在的棚拍“时尚”。在影棚内，用简单的背景，或者置景，通过模特的肢体语言的表达，来展示衣服和时尚观念。便携的摄影设备使得外拍也成为可能，摄影技术也在为了满足人们的欣赏口味而改变。受西方现代派艺术的影响，有些美女肖像照以几何形抽象图案为背景，和当时欧洲流行的时装拍摄一样，室外时髦女郎多在海边沙滩、帆船、公园、溪边等场景摆姿势，无论是造型本身，还是照片中透露出的生活方式，都展示出上层贵族和大资产阶级的奢华生活方式，从而吸引更多的消费者去效仿、去追随。

（四）新闻快照式名媛及名人肖像

大众除了对于银幕中演员角色非常喜爱，也对演员们的日常生活非常感兴趣，甚至一度成为人们茶余饭后津津乐道的话题。以《良友》画报为例，画报中每期都有妇女界栏目和追踪电影明星的栏目，以照片的形式向大家展示明星演员们的幕后生活，而这些照片，无不记录着那个时代最新的着装潮流。往日时兴的旗袍、泳装、貂皮大衣、披肩、连衣裙和低胸无袖礼服都可以在老照片中找到。这也是大众以摄影的形式来感受时尚、追求时尚的开端。同时受西方文化的影响，以及人民生活水平的不断提高，明星名媛的聚会都会成为新闻报道的焦点，盛装出席的酒会、舞会、夜总会就成为大上海时尚的风向标。哪里有明星，哪里就会有摄影师，这些摄影报道成为女性时尚的标准。越来越多的女性开始追求新的服装与装扮，女性服装设计愈加活跃，很多服装厂家开始在一些画报杂志、报纸等刊物

---

① 〔法〕罗兰·巴特：《流行体系——符号学与服饰符码》，敖军译，上海人民出版社，2000。

上发表新设计的女士服装。像上海这样的大城市纷纷开始效仿国外，定期聘用一些影视明星及社会名媛参加时装表演和展览会，并邀请一些照相馆和新闻记者到场进行拍摄。与以往不同的是，这样的拍摄着重表现的是衣服，包括布料、质感、细节等，往往会请明星模特们摆出一些适于展示服装的优美姿势，或站着或坐着，发表在画报等媒体上。中国早期的时尚摄影由此显示出了雏形。

快照形式的时尚摄影更加贴近生活，使明星不再那么遥不可及，越来越多的大众开始欣赏并效仿他们的生活方式及穿着方式。而这种拍摄手法也被后来很多摄影师所效仿，同时衍生出了街拍的摄影方式，通过拍摄街上行走的时尚达人来传播并消费时尚。

四 对后世时尚摄影的影响

（一）加快了与肖像摄影分离的脚步

最初的时装摄影仍旧没有与肖像摄影彻底分离开，在拍摄手法、造型手法以及空间人物的主次关系上都与肖像摄影有较多雷同之处，甚至说是用肖像摄影的手法来拍摄时尚摄影也不为过，所以在明星肖像成为广告宣传之初，很多商家更多的只是注意到了明星作为一个“商品符号”所具备的商业价值，而没有认识到其本身所具有的价值与外延。

随着时代的发展，摄影技术与理念不断进步，时尚摄影在肖像摄影的基础上逐渐与之分离，其表现为肖像摄影更加注重表现被摄体的个性、外貌与特征；而时尚摄影除了注重商品的表现之外，更多的是注重社会与大众心理的反应，为我们提供了一份独一无二的有关时代风尚、社会生活、人的情感和行为方式的记录。

（二）摄影艺术在商业宣传中的重要性和不可替代性

（真实性）形象语言与影像记忆是广告中最能使受众所记忆和感知的，而摄影这一极具真实性的新兴艺术手段，在客观记录的同时也为广告宣传做出了不可磨灭的贡献。英国的巴纳德在《艺术、设计与视觉文化》一书中，把商业广告的发展归为三个阶段：第一阶段，从1890年到1925年，广告所要表现的内容主要是产品的质量、功能的介绍，注重对产品的宣传；第二阶段，从1925年到1945年，广告此时不再重点强调产品的功能和使用，而是将产品表征为一种身份、地位；第三阶段，广告针对大众消费欲求，将产品推销给消费者，同时也创造新的欲望，告知消费者对于产品的消费是对于一种生活方式和生活态度的选择。而正是因为摄影对于广告的参与，明星代言引起人们对于上层社会的臆想，商品成为身份地位的象征。

（三）为时代留下印记

从时尚摄影的发展历程来看，人们对时尚摄影的认识有两次重大改变：第一次改变是20世纪30年代，时装摄影倾向于自然感和现代意识的表现，运用摄影语言表现时装，达到绘画不可能实现的效果，而不是做绘画的代替品；第二次改变是20世纪50～60年代，时装摄影倾向于表达时装本身之外的很多内涵，如政治、社会等问题常常与时装巧妙地结合在一起。而正是摄影语言的客观性和真实性，通过对于时尚影像的拍摄，为我们记录了当时的社会风貌、大众审美、流行文化等，从中探知当时的社会文化氛围、中西方文化的差异以及政治经济环境，为后世留下史料档案。

结　语

本文通过对中国早期“时尚摄影”的梳理与研究，归纳出了中国“时尚摄影”早期实践的背景、特点与影响。受社会文化、经济政治等因素的影响，民国时期“时尚摄影”的探索及形成晚于国外近30年，主要原因有三：一是摄影技术及理念的不成熟；二是印刷技术的落后；三是中国封建制国家导致信息闭塞，人民观念传统腐朽导致服装产业不发达，在国内并没有一个健康完整的服装产业链条，服装的制作还是更多依赖市井杂货铺，以至于没有时尚潮流可言。相对于现在的时尚摄影，中国的早期时尚摄影，刚刚出生就被扼杀在了政治的摇篮里，但是在当时的社会条件下，时尚摄影不仅丰富了中国早期摄影的门类及语言，而且在与世界列强的竞争下，为民族资本业提供了有力的回击手段。在光影构图等技法中不乏特别完美的高品质影像作品，也为当今的时尚摄影开辟了先河，奠定了基础。

“时尚摄影”通常具有时限性，再美的时装也不会永远流行。但就中国早期的“时尚摄影”作品而言，它却具有永恒的魅力：它不仅记录了人们在特定时间段中的审美取向，而且见证了摄影技术与技艺的发展，更可贵的是记录了当时的文化环境与人民的心理动向。

参考文献

李侃等：《中国近代史》，中华书局，2004。

许俊基：《中国广告史》，中国传媒大学出版社，2006。

黄莹、黄志伟：《为世纪代言——中国近代广告》，学林出版社，2004。

宿志刚、林黎等：《中国摄影史略》，中国文联出版社，2009。

石志民、周邓燕：《时装摄影——风潮·风情·风格》，人民美术出版社，2008。

刘澍：《老电影往事》，中国广播电视出版社，2006。

林路：《流行与超越——在时尚中沉浮的时装摄影》，辽宁美术出版社，2002。

雷文广：《当代时装摄影的表现风格研究》，硕士学位论文，苏州大学，2011。

〔法〕罗兰·巴特：《流行体系——符号学与服饰符码》，敖军译，上海人民出版社，2000。

陈志华、朱华：《中国服饰史》，中国纺织出版社，2008。

周星：《中国电影艺术史》，北京大学出版社，2005。

陈申、徐希景：《中国摄影艺术史》，生活·读书·新知三联书店，2011。

日本太鼓音乐在影片《犬之岛》中的体现

许　诺*

摘　要： 太鼓作为日本传统民族乐器，被世界各地的人们所熟知。影片《犬之岛》中多次重复出现以太鼓为主要演奏乐器的单一音乐主题片段，而该主题在整部影片中起到了推动叙事发展的作用。太鼓主题音乐在一头一尾的呼应，使得整部影片所反映的人类黑暗政权和凌驾于世界万物之上的企图之心环环相扣，以看似天真可爱的动画片形式来展现现实的险恶。

关键词：《犬之岛》　电影音乐　太鼓　"*Taiko Drumming*"　音乐创作

一　关于电影

影片《犬之岛》是导演韦斯·安德森采用定格动画形式所拍摄的第九部电影，并凭借该片获得了第68届柏林国际电影节最佳导演奖。这部影片主要讲述了日本希崎市犬类泛滥导致犬瘟热，为防止人类感染，小林市长将犬类流放至被废弃的垃圾岛。市长"以身作则"执行他自己制订的计划，被流放的第一只狗狗便是其养子阿塔里的爱犬点点。阿塔里为寻回自己的爱犬，只身勇闯垃圾岛并结识了五只狗狗，故事从而一步步展开。

然而这看似温情的"寻狗故事"，其中却蕴藏着不同派别间阴险的政治

* 许诺，北京电影学院现代创意媒体学院录音艺术与技术系讲师，音乐教研室负责人。

斗争以及人类企图统治世界、凌驾于万物之上的野心。这种充满残酷和现实讽刺意味的童话故事，往往使人们在观影之后的再次回味中出现细思极恐的感受。

二 太鼓主题音乐在影片中的体现

作曲家亚历山大·迪斯普拉特为这部影片创作的主题音乐“*Taiko Drumming*”在整部影片中多次出现，对于整部影片的叙事发展起到了关键的作用。这首主题音乐所选用的主奏乐器就是太鼓，而太鼓在整个日本文化中占有非常重要的地位。由此可见作曲家选择这件乐器作为主要音色进行创作，是出于对太鼓在整个日本文化中的担当，以及整部影片所处的社会背景及情节映射等方面的综合考量。

（一）关于太鼓

日语中“太”有大和胖的意思，所以太鼓相当于大鼓。太鼓在绳文时代就开始作为情报传达的工具使用，所以其在日本的历史较为悠久。当今日本，太鼓频繁地应用于雅乐、宗教音乐以及歌舞伎等方面。不同形式的太鼓表演无论何时出现在节庆表演中，都会成为最受瞩目的焦点。而由于太鼓在日本社会文化中日趋显赫的地位，日本著名的游戏企业南梦宫(NAMCO)① 于2001年以这件日本传统打击乐器为主要设计对象，研发出一款受世界各地玩家所喜爱的音乐类游戏——太鼓达人。太鼓也成为日本对外音乐文化输出中最具有代表性的乐器。

（二）太鼓主题“*Taiko Drumming*”在影片中的体现

整部作品中除去多次出现的拼贴音乐“*I Won't Hurt You*”以及选自著名影片《七武士》中的插曲“*Kanbei & Katsushiro Kikuchiyo's Mambo*”两首作品外，另一首主要的作品，便是作曲家亚历山大·迪斯普拉特为这部影片创作的主题音乐“*Taiko Drumming*”，这首主题音乐是以太鼓为主要乐器的

---

① 南梦宫于1971年正式启用NAMCO商标，1977年正式更名为株式会社NAMCO，是日本一家知名的电视游戏和街机游戏生产商。

纯打击乐作品。这首以打击乐节奏为主、演奏时长为 50 秒的作品，在整部影片中完整出现了四次，参与到了每一次重要的剧情发展。

该主题音乐第一次完整出现是在影片 2 分 36 秒 ~3 分 26 秒的片段中，以三位太鼓演奏者击鼓的画面拉开整部影片的叙事发展。

这个片段画面中水平放置的三面鼓，使用的是太鼓中的长胴太鼓，这类太鼓主要应用于祭祀仪式。这种由三个长胴太鼓组成的小型太鼓组合，其编制形式与日本的三宅太鼓演奏形式相似。画面中位于中间的鼓面上有一个显眼的图案，这个图案叫巴纹。

在目前已知的史料记载中，这种图案最早出现于我国商代的青铜器上。而随着我国古代的文化不断向外输出，日本也接收到了这个独特的图腾文化。早期的日本文化中，这个类似漩涡状的图案被设计为武具，而因汉字中“巴”这个字与这个图案类似，所以将其取名为“巴”。随着文化的发展与时代的变迁，巴纹也根据股数延伸出了不同的含义。画面中鼓面的图案为三头右巴，而三股的巴纹所表现的含义为所处三方势均力敌的同时又相互制约，并且三股的巴纹图案也与其最初的漩涡图案最为符合。由此通过一个简单画面——三面长胴太鼓、三股图案以及三位演奏者，向观众传达了影片中相互制约的三方，即以阿塔里为首的亲狗派、以管家为首的亲猫派以及科学党实验室所代表的司法派。

这段太鼓主题音乐，以声部一主奏鼓手的呐喊声为界，可分为两个部分。第一部分，声部一的主奏鼓手以单一持续音型击奏贯穿全曲，而鼓手二和鼓手三敲击节奏相同，组成了与声部一节奏型相映衬的声部二。声部二在声部一的单一持续音型基础上，由慢至快的敲击节奏结合逐渐加强的敲击力度，演变为如图 1 所示的节奏型，在节奏型与力度两方面与声部一形成对比。

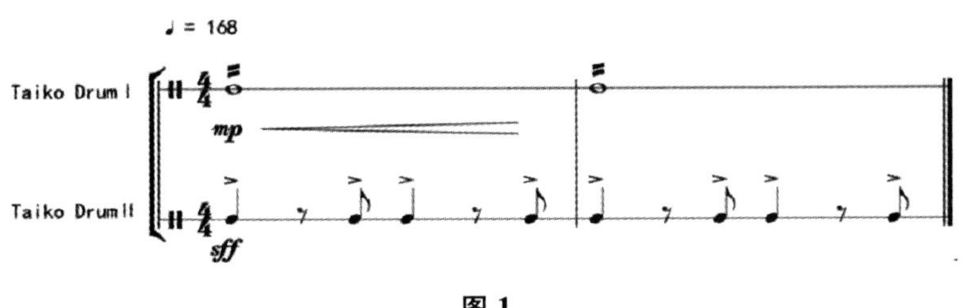

图 1

在鼓手一的呐喊声之后，迎来该主题的第二部分。这个部分在第一部分基础之上加入了三件无音高的打击乐器。随着声部以及音色的增多，纵向层次感逐渐丰富起来，各音响层次由不同的节奏层构成。鼓声部与其他打击乐器间的相互协调，需要各鼓手们的完美配合，日本民族精神中最为重要的集体主义精神也由此体现出来。

该主题音乐第二次出现是在影片 7 分 ~7 分 50 秒的片段中，第一次原样再现了太鼓主题。在该片段中小林市长以身作则，将自家的狗狗点点流放到垃圾岛。当画面切到狗狗被放入装满各种垃圾的升降机时，太鼓主题音乐响起。而相较于第一次只有鼓手击鼓的画面，这一次太鼓主题音乐的原样重复，结合着作为政治牺牲而被流放于垃圾岛的狗狗，揭开了这场没有硝烟的战争，犬类因为人类间的权力纷争而被迫卷入进来，并受到无端的恶劣对待。

该主题音乐第三次出现是在影片 1 小时 15 分 17 秒 ~1 小时 16 分 32 秒的片段中，这次的太鼓主题在原样再现的基础上又重复演奏了一遍。在这段情节中，两个叙事空间交互出现。小林市长养子阿塔里在垃圾岛不幸遇难的不实消息在希崎市传开，希崎高中表演社团为此排演了一出名为《少年武士》的剧目。在这段表演中，不仅有象征小林家族的武士，还有狗狗以及阿塔里，而位于舞台的右侧，则出现了本片开头部分太鼓主题音乐第一次出现时的那三位演奏者。与此同时叙事空间转换，出现了远在垃圾岛的阿塔里与追随他的狗狗们在共同周密计划反攻本土的策略。而这种叙事空间的转换，无疑是对致使无辜犬类遭受虐待的荒谬政治决策的又一次讽刺。

该主题音乐第四次出现是在影片 1 小时 35 分 12 秒 ~1 小时 36 分 12 秒的片段中。最后一次的原样再现所结合的剧情为，阿塔里接任市长以后，狗狗们又回归到了人们的正常生活中，陪伴着人们用餐、看棒球比赛以及作为主角出现在电视画面播放的狗饼干广告中。而画面一转，议员向市长阿塔里报告最新的关于犬类的法律规定，将虐狗、打狗、杀狗，甚至对狗狗吼叫都列为犯罪行为，并且对此行为的最初量刑为死刑。虽然最后制定的处罚改为社会服务加罚款，但这无疑是在影片的结尾结合太鼓主题音乐的再现又一次呼应了整部影片的讽刺定位。

而对于被流放于垃圾岛从而感染疾病的犬类，在影片的结尾也有交代。

把囚禁于岛上患有传染病的狗狗们治愈的蓝色药水，是由在竞选中完全被忽视的科学党实验室所研发的，而这个实验室在影片中真正所代表的是一个国家的司法部门，从最初处于战争时期气势薄弱无法与其他强权抗衡而败诉，到随着阿塔里带领一众追随他的狗狗们回归到原本生活的地方，并成功地将感染疾病的狗狗们治愈。这一系列的事件发展所体现的，正是实验室所代表的司法部门一步一步消灭了对狗狗们不公的歧视与不实的谣言，展示出法律才是代表一切的正义，而这一结果也与太鼓这件乐器在日本文化中所具有的祈求万物和谐共生的意义相呼应。

三　结语

影片《犬之岛》无论是从叙事情节还是主题音乐等方面，都是值得不断深入推敲及寻味的。使用太鼓作为主要乐器音色贯穿整部作品，通过在影片中画面与音乐相结合体现，使得开篇与结尾相呼应。对于影片的结局，无论哪一方成为这场斗争中被流放的群体，都将成为这场以人类不良的企图心为起点的阴谋的牺牲品。

影视文化

论当代中国电影文化价值观的构建

于　超*

摘　要：电影是一种时空复合、视听兼收、具象化的表意符号，是一种世界性的语言，是一个国家的文化名片，是对外宣传本国传统人文精神的方式和途径，也是现代文明的重要象征，其精神理念是蕴含在影像故事中的“内在意义”。在全球化的历史语境中，电影市场竞争日趋激烈，好莱坞电影帝国正借助其雄厚的经济实力、完整的故事情节、独特的文化内涵在世界各地不断渗透和扩张。中国电影要在全球市场占领一席之地，就必须在不同的电影类型、故事题材和影片叙事形态中构建一种集体认同的及共通、共享的文化价值观。而构建电影文化价值观也是在发扬艺术创作个性风格、尊重艺术创作审美规律的同时，与传统文化相互整合、相互交融的时代命题。

关键词：中国电影　电影文化　价值观

文化价值观是一个国家、一个民族、一个群体所共同遵从和认可的关于生活方式、社会准则、精神信仰的基本取向，它影响着人们在经济、社会、政治、伦理、艺术等领域对于是非、善恶、对错、正邪、荣辱、美丑的基本判断。电影是一种世界通用性的艺术表现形式，是文化观念传递与弘扬的有效载体，一部影片无论讲述的是什么年代的故事，无论采取的是什么类型的叙述方式，其所承载的文化价值观都会在影片的叙事内容中表现得淋漓尽致，都会融入影片角色的心灵深处。

* 于超，北京电影学院现代创意媒体学院传媒管理系讲师。

一 文化价值观是电影的灵魂

从1895年世界电影诞生到现在，风风雨雨已经120多年，其发展过程中有高峰低谷、成败荣辱、经验教训。欧洲是电影运动的发源地却为何不久便衰落？美国好莱坞为何可以长盛不衰、称霸影坛？近年来，日韩以及印度电影大放异彩仅仅是因为别样的民族风情吗？中国当代电影为何总体发展受限，主旋律影片尽管有政府扶持却始终不尽如人意？答案见仁见智，但电影若想被大众接受和认可，能够体现本土的文化价值观却是毋庸置疑的目标。好莱坞作为美国电影的制造基地，也是国际商业电影的制造中心，是全球影业的标杆。分析感悟好莱坞电影中所传达的文化价值观，我们可以提炼以下几种核心的观念。一是注重英雄主义。好莱坞电影根据每个人成长历程中都会怀有特定的英雄主义梦想，将充满顽强斗志、所向无敌的英雄主义体现在影片塑造的人物形象中，譬如《超人》《拯救大兵瑞恩》《蜘蛛侠》《国家宝藏》《变形金刚》《钢铁侠》《极限特工》《美国队长》《复仇者联盟》《蚁人》等等。二是注重人性化及人情世故的锤炼。《阿甘正传》利用人物的心理描述，把人性中最美好积极的一面呈现给观众，使观众可以从人物身上感染到奋进的力量并受到鼓舞和振奋。著名影片《乱世佳人》塑造出的坚强勇敢、积极独立、乐观向上的女性形象，赢得了大众的喜爱和认可。三是注重普适的文化价值观，注重吸收他国优秀故事资源结合本土意识形态进行整合与再创作。好莱坞大片《功夫熊猫》抛开中国武侠精神所提倡的忠孝仁义等儒家思想观念，宣扬美国英雄借助超强能力在正义邪恶的斗争中获胜而最终赢得大家尊重与敬仰的价值观理念。好莱坞电影《花木兰》在对人物的重塑中淡化了中国忠孝等传统观念，增加了自我实现、自我超越与挣脱束缚、追求平等的价值观。这种价值观与人之本性密不可分，它与人的内心最原始的冲动和欲望相吻合，故能深深吸引来自不同国家、不同地域的观众，这也是好莱坞电影能在全球电影市场中长盛不衰的重要原因。

构建一种既能够被本土的观众所认同又能被国外电影市场所接受的影片叙事体系以及电影所体现的文化价值观，是中国电影在国际市场上实现持续发展的关键所在。要实现中国电影的长远发展以及促使中国文化的长足进步，我们的电影在满足观众娱乐消遣、教育励志与审美艺术鉴赏需求的同时，也要对中国电影文化价值进行准确定位，冲破偏执与保守的思想樊笼，将符合人性精神需求取向与本土传统的文化价值观囊括到我们的电影创作之中，进而实现中国电影在激烈的全球化市场竞争中的生存发展。

二　中国电影对传统文化价值观的阐释

纵观中国传统文化的历史发展轨迹，“仁爱”理念贯穿于经济、政治、伦理、艺术等不同领域，它是整个中华民族核心价值体系的有机组成部分，时至今日，这种仁爱精神更超然物外、跨越物种。《画皮》系列电影曾在中国票房纪录上留下浓墨重彩的一笔，故事中的核心人物小唯是历经千年修行的狐妖，她对人类世界的神往是影片突出的叙事主题，而她为了救人甘愿违反妖界禁令、自毁妖灵的无私与奉献更是将影片的文化价值观表现得一览无余。震撼观众的不是美轮美奂的数字技术，也不是亦真亦幻的空间造型，而是作品让我们感触到的妖道对人道的皈依和邪恶向仁爱的转化。影片《捉妖记》取得了超过 24 亿元的票房，《捉妖记 2》票房达 22 亿元，其中搞笑的、卖萌的、感动的看点是其成功的关键因素，更为重要的是电影并非通过说教的形式去宣传一种普适价值观，而是通过简单的故事情节和紧凑的叙事节奏深入刻画尘世人妖之间的仁爱和博大情怀，进而让观众感应到编导的价值观设定。习近平主席对英国进行国事访问时，“中国梦”系列主题微电影《中国人的梦想与希望》曾在英国展映，其中《仁马情》这部作品通过刻画马与自然、马与人的情感来阐述对中国儒家思想的“仁”性思考及博“爱”的感性体悟这一不变的主题，影片的拍摄也捕捉到“晚霞与落日齐辉，人与马至仁至爱”的完美画面。影片《美人鱼》是国内影史首部 30 亿元大片，作品在谱写一段凄美人鱼爱情童话故事的同时，也将人与自然和谐共生、融合发展的美好心愿展现在观众眼前。

对于影片《武侠》的结局，导演陈可辛的处理手法选择了让大反派武功高强、刀枪不入的王羽被插入一根银针后继而被雷击中，这是以另一种独特方式宣扬善恶到头终有报的因果循环。

在中国电影文化价值观中一贯倡导的侠之大义、惩恶扬善往往是在充满角逐、充满杀戮的叙事进程中展开的，但是作为一种对残酷暴力的修正和淡化，影片在故事结局时常会描绘出一种没有争斗、充满温情的世外桃源。金庸曾说过“侠之大者，为国为民”，他笔下的侠客大都生活在古代并担负着除暴安良的使命，当恶势力横行屡除不尽之时，他们可能就会选择隐匿田园，独自逍遥。《独臂刀》《龙门客栈》《少林寺》《剑雨》《笑傲江湖》《白发魔女传》《三少爷的剑》《绣春刀》等影片中，江湖高手经历了层层磨炼、种种厮杀后最终都选择了远离纷争、归隐山林。这些作品普遍反映了人们对和平、祥和、宁静生活的祈望，更突出了一种文化价值取向，给予我们对美好境界的无限憧憬和遐想。

在中华民族的诸多传统文化价值观中，注重亲情、注重情爱和家庭伦理是永恒不变的核心主题。《我和爸爸》《父子》《暖春》《我的父亲母亲》《新妈妈再爱我一次》《继母》《老炮儿》《一切都好》等影片将亘古不变、伟大无私的亲情刻画得深情动容、细腻自然。《小城之春》《一声叹息》《立春》《樱桃》《土婆婆 PK 洋媳妇》《左右》《夏洛特烦恼》等影片让观众在欣赏之余也深深地思索家庭伦理关系中该负有的责任和义务，为困惑中的人指出了光明的方向。

三　中国电影在彰显文化价值观方面的缺陷

众所周知，电影是一种按照“美学规律”创造的现代艺术，具有艺术性；电影也是一种产品，需要考虑资金的投入和利润的回报，具有商业性；作为一种大众传播媒介，电影同时又传达着一定的价值文化，特别是一个国家主流意识形态的观念，具有思想性。这三大属性在不同的电影中所占分量和比重是不同的，分别表现为艺术电影、商业电影、意识形态电影。艺术电影不刻意迎合大众的审美趣味，更多的是从审美追求与人文立场出发，就影片内容形式进行积极创新的探索。商业电影虽然也拥有一定的艺术性和审美性，但为了迎合大众的审美趣味而添加的艺术性和思想性已经沦为制片方营利的手段，为了赢得高额的票房收入，常常会在制作过程中使用海选主角、制造花絮、炮制明星逸事等手段进行前期肆意的炒作和宣传。意识形态电影侧重于表现思想性，倾向于传达国家主流意识形态的价值观念，意识形态电影往往具有鲜明的政治倾向性和阶级性。

中国的艺术电影、商业电影、意识形态电影除了在制作形式、营利模式、宣传策略上存在差异，在价值观念上往往容易产生相互排斥，这导致了中国电影无法在影片的文化价值观领域进行相互融合，缺少共同认可的文化价值观取向。有些商业电影为了提高票房收入、吸引观众眼球，在电影故事情节上无端设置性爱、暴力、杀戮等阴暗场面，鉴于我们国家尚未实行电影分级制度，这势必会给部分低龄、幼龄电影观众的心理带来阴影。有些艺术电影为了凸显导演艺术个性，张扬导演创作风格，把个人的发展轨迹与社会历史的前进车轮进行反向表述、逆向行驶，扭曲了历史事实，混淆了观众的时代记忆。某些主旋律电影则漠视了社会生活中普遍存在的复杂矛盾，把纷繁复杂的现实生活淡化、理想化，用模棱两可的表现手法对社会环境避重就轻，用固定化的模型笼统地塑造人、事、物。

四　中国电影文化价值观的构建途径

构建中国电影的文化价值观，首要应做的是重新甄选传统文化的精华思想，广泛传递优秀的文化精髓，同时也意味着将传统文化价值与现代文明进行新时代下历史性的对接。

（一）传承中国传统文化价值观的精华

国外学者曾发表过这样的言论："要探究博大精深的世界文化，需要追溯到2000年前中国的孔孟之乡。"中国传统民族文化历史悠久，源远流长，在时代飞速发展的今天，通过电影消遣娱乐、教育宣传、提高经济收益的作用，借助其辐射范围之广、人群受众之多的传播优势，在作品中将文化精神形象化、人物化，让受众群体潜移默化地接受、吸收并传递，这无疑是最有效且老少咸宜、事半功倍的一种途径。《红色娘子军》《鸦片战争》《红河谷》《今夜星光灿烂》《南京大屠杀》《黄河绝恋》《建党伟业》《建国大业》《辛亥革命》《忠烈杨家将》《智取威虎山》《刘老庄八十二壮士》《百团大战》《南京！南京！》《诱狼》《战狼》《空天猎》《建军大业》《明月几时有》《红海行动》《厉害了，我的国》《浴血广昌》等影片表达出强烈的爱国精神、民族情感。《焦裕禄》《孔繁森》《离开雷锋的日子》《钱学森》《雷锋》《郭明义》《杨善洲》《吴仁宝》《有事找王江》《邹碧华》等影片以当今社会的先进人物为表现对象，将奉献、进取的民族优良品德蕴含在作品中引发观影者的共鸣。通过作品的叙事功能，将优秀民族文化刻画为具体人物形象上的伦理情操和道德风尚，而角色身上可贵的拼搏精神和无私奉献精神使观影者在品味观赏的同时，可以不由自主地将其内化为自身的行为准则。

（二）在全球范围内对各种文化资源进行整合

世界正步入全球化的时代，国家和民族的差异逐步淡化，传统的地理和空间界线也逐步被打破，各国各地区人民的饮食风味、语言、心理结构、行为模式及思维方式也在迅速地趋同。全球化不仅是一个经济概念，也涉及文化价值观念的同质化问题，电影所具有的文化复制、消费和传播功能也逐渐成为全球化背景下文化思想融合过程中的特殊焦点。中国电影不可能将中国的文化价值观封闭起来进行自我表达、自我灌输，而应该对各国优秀文化价值资源进行有效整合。我们国家的文化价值观与其他国家所强调的文化价值观在诸多方面是相似的、相通的、相融的，譬如倡导和平、正义、仁爱、光明、健康、自强、平等、尊重等观念，这是全社会民众共同的美好期许。广泛寻找共同点是我们的电影作品能够被他国观众接受的心理基础，《卧虎藏龙》《霸王别姬》《英雄》《活着》《盲井》《寻枪》《巴尔扎克与小裁缝》《三峡好人》《鬼子来了》《西藏往事》等影片既体现了本土文化精神又被国际观众所接受。文化全球化下的文化资源整合是各国文化良性互动、彼此影响、交流贯通的过程，全球化与民族化是相辅相成的，二者相互补充与修正，本土电影真实反映本民族的生存现状，积极承载本民族的文化精髓，艺术展示民族电影的特有风格，在全球文化相互渗透认可的基础层面才能共同营建当代世界全人类的精神家园。

（三）中国电影应保持独立的文化立场

近些年中国电影在商业上的成功有目共睹，电影的票房收益接二连三地被突破。对好莱坞电影叙事法则的膜拜和借鉴，无形中也将其价值理念渗入中国电影的创作中，致使我们在视听上获得观众认可的同时，却在精神上疏远了本土文化。在国际化语境中，面对西方多元的文化价值思潮，我们应始终保持自信而清醒的独立意识，不能够盲目地效仿好莱坞电影，也不能唯西方文化马首是瞻，更不能把西方标准的国际承认作为判断国产电影优劣的标准，避免让我们的电影失去文化立场独立性和民族荣耀感。中国文化价值观的独立性，包括对国家形象的塑造与本国文化精神的传播，作为主流电影，其价值定位应当以本国观众普遍认同的价值取向为方向，以中华民族优秀的文化传统为基准，这样才能够保证电影的价值导向不会出现文化上的偏差。《四十不惑》《背靠背脸对脸》《心香》《孩子王》《黑炮事件》《荔枝红了》《追你到天边》《果实》《燕衔泥》《桃花村》等作品虽然在国际电影节未获大奖，但这些影片却以中国式的风格和叙事表现了中国百姓最朴实的生活、情感、欢笑和烦恼，传递了作者深层次的思考。这些电影很难被西方国家的观众所理解和接受，但每一个影像元素都传达了人生深刻的体验，为本土观众所喜爱。《红高粱》《大红灯笼高高挂》《菊豆》《父亲》《英雄》《茉莉花开》《白鹿原》《叶问》《一代宗师》《古堡之吻》《狼图腾》《山河故人》《寻龙诀》等作品在充分体现全球文化发展趋向的同时，也体现了原汁原味的中国特色与民族风格，在国内外均获得较大范围的好评与认可。

（四）发挥电影艺术评论的引导作用

电影艺术评论是关于电影独特的研究性、审美性鉴赏活动，参与者可以是普通观众，也可以是电影界的专业人士和学者。通过电影艺术评论可以加深观众对作品的理解感悟，扩大作品的传播影响，进而引导民众思想、促进社会进步。电影艺术评论可以通过赏析和评价影片，把藏在作品背后的深刻意图与社会意义挖掘出来，让观众能更准确地把握和理解作品。电影艺术评论通过分析作品中各种艺术手法和技术手法，能站在美学鉴赏、艺术的高度对相关内容进行全新的阐释，然后提出自己关于生活、人生、社会或哲学的见解，这对作品所表达主题思想的传播是非常有意义的，也是对作品创作宣传的有益补充。积极正面的电影评论可以是优秀作品的推广者，也可以是不良作品的屏蔽者，可以为引导观众理解作品打开一扇通往审美彼岸的窗户，进而为推动电影文化价值观的传播贡献一份力量。

结　语

全球化的时代背景为中国电影提供了更多的文化机遇，推进着中国电影创作和发展的步伐，构建中国电影的核心文化价值观迫在眉睫且任重而道远。在世界舞台上，中国电影所构建出的文化价值观应该进一步以增强民族文化的责任感和文化使命感、增强本土文化创新能力和传播能力为己任。当代电影的发展，机遇与挑战并存，衰亡与复兴同在，而作为中国文化价值观有效的传播载体，相信中国电影在未来一定会大放异彩，创造新的辉煌。

参考文献

康尔：《电影艺术通论》，南京大学出版社，2007。
李少白：《中国电影史》，高等教育出版社，2006。
孙隆基：《中国文化的深层结构》，中信出版社，2015。
厉震林：《电影的构型：表演、文化和产业》，上海交通大学出版社，2017。

从个人记忆到集体怀旧

——青春怀旧题材电影的文化解读

牛兴侦[*]

摘　要：青春是国内外电影作品持续热衷的题材，近年来新锐导演造就的青春怀旧题材电影掀起了阵阵热潮，备受各方关注。本文通过对比国内外既往的青春题材电影，探究青春怀旧这一亚类型电影的内涵和特征，并结合2010年以来较具代表性的青春怀旧题材电影阐述该类型电影的主题表现方式和文化表征（符号）。最后，本文还分析了青春怀旧题材电影火爆背后蕴含的社会文化心理。

关键词：国产电影　青春怀旧题材　类型电影　社会文化心理

近年来，随着网络电影（微电影）《老男孩》的流行传播和台湾影片《那些年，我们一起追的女孩》席卷大陆，“青春怀旧”成为我国电影行业甚至文化行业一个备受瞩目的现象。《毕业那年》（2012年）、《致我们终将逝去的青春》（2013年）、《中国合伙人》（2013年）、《小时代》（2013年）、《怒放之青春再见》（2014年）、《同桌的妳》（2014年）、《匆匆那年》（2014年）、《万物生长》（2015年）、《左耳》（2015年）……你方唱罢我登场，在电影市场上掀起一阵阵观影热潮（见表1）。这些影片的青春记忆虽然是从时代背景中的个人视角进行表述的，但激发了处在或经历过相同时代的社会成员的“集体记忆”。这类影片均针对年轻观众怀旧青春的心理

* 牛兴侦，北京电影学院现代创意媒体学院副教授，主要研究方向：电影产业经济、媒体传播、娱乐营销等。

特点，此前从未有一个时期的电影如此密集地反映处于青年阶段的一代人的青春感怀抑或感伤，值得我们从社会文化的角度思考国产青春怀旧题材电影火爆背后的深层逻辑。

表1　近年来国产青春怀旧题材电影代表作品

序号	片名	上映时间	票房收入（万元）	豆瓣评分（10分制）
1	《致我们终将逝去的青春》	2013年4月26日	71918	6.6
2	《中国合伙人》	2013年5月17日	53879	7.6
3	《小时代》	2013年6月27日	48478	4.7
4	《小时代：青木时代》	2013年8月8日	29629	4.9
5	《同桌的妳》	2014年4月25日	45576	5.9
6	《小时代3：刺金时代》	2014年7月17日	52156	4.3
7	《匆匆那年》	2014年12月5日	58849	5.4
8	《万物生长》	2015年4月17日	14831	5.7
9	《左耳》	2015年4月24日	48522	5.4
10	《小时代4：灵魂尽头》	2015年7月9日	48842	4.6

资料来源：票房收入来自中国电影票房数据中心（http://www.cbooo.cn），口碑评价来自豆瓣电影（http://movie.douban.com）。

一　青春怀旧题材电影的内涵和特征

类型电影是电影的生产和消费这一本质属性的衍生产物，类型是指由不同题材或技巧而形成的影片范畴、种类或形式。早在20世纪初期，美国电影就已经出现了主题情节模式、人物类型、视觉造型和影像风格等方面的类型电影现象，包括西部片、侦探片、喜剧片、歌舞片等。类型电影（或称类型片）主要指称那些由于仿制某类成功影片而形成一整套相对稳定的叙述模式、生产机制的商业性影片。类型电影的形成和发展与民族、风俗、语言、习惯以及社会阶层等都有密切的关系。观众在观赏电影时总是从原有的欣赏习惯和欣赏趣味出发，并受到由民族文化发展的各个历史时期的精神积淀组合而成的心理结构（即“集体无意识”）的影响，呈现审美趣味的某种趋向和定式。

中国电影的类型研究是一种宽泛的“类型性”，也可称为“类型（化）

趋势”“类型（性）特征”等的研究。青春题材电影或被称作成长电影（Coming-of-Age Film），一般指以青少年的成长经历或校园生活为主要内容的电影，它固然不具备强制性的类型程式，但特定的故事空间（以校园为典型代表）仍旧能够强化对该类型的指认。青春题材电影作为一个相对独立的电影类型，从《青春之歌》（1959 年）、《青春万岁》（1983 年）到《北京杂种》（1993 年）、《孔雀》（2005 年），大都聚焦成长主题，将个体的成长遭遇置于一个逼仄的时代背景中。不同于 20 世纪 90 年代以《北京杂种》《十七岁的单车》为代表的青春电影中的都市边缘人物的焦虑成长，也不同于 2005 年前后以《孔雀》《青红》为代表的青春电影中的 20 世纪 70 ~ 80 年代背景中的个人灰色回忆，2010 年以来崛起的青春怀旧题材电影作为一个新的电影亚类型的中心诉求却是“青春怀旧”。

关于怀旧电影，美国耶鲁大学教授、著名思想家弗雷德里克·詹姆逊（Fredric Jameson）指出：“在狭义上讲，它无疑只是关于过去以及关于一国特定年代的一些电影。”怀旧电影主要有两种类型：一是极力还原某个时代、地域的人们的生活状态；另一种则是以情感为驱动力的个人记忆表述的电影，多以年少记忆和对故园旧居的怀念为主题。以“那（些）年”为标准句式的《那些年，我们一起追的女孩》《匆匆那年》等影片虽然包含校园、爱情、怀旧等类型元素，但最主要表达的是一段关于光阴的故事，“那些年”其实比“女孩”更重要。一般来说，青春怀旧题材电影往往具备以下三个主要特征。（1）主要角色：人物以风华正茂的年轻人为主，一般以高中生、大学生或刚踏入社会的年轻人为主。（2）电影主题：电影关注年轻人的物质和精神世界，注重个体的生命体验，多以事业的成功，友情、爱情的获得与维持为主题，区别于家国存亡的宏大叙事。（3）主要受众：以年轻人为主，年龄跨度为 18 ~ 30 岁。受众或处于电影主角所处的年龄，或刚刚度过与主角相同的阶段，观看电影时极易引发共鸣，产生怀旧心理。

2010 年以来，青春怀旧题材电影在中国电影市场上风生水起，现已摸索出自身的类型范式，逐渐形成了一套较为程式化的情节定式。从《致我们终将逝去的青春》（以下简称《致青春》）、《同桌的妳》和《匆匆那年》等影片来看，青春怀旧片往往具有非常类似的故事脉络和情节设置。以《匆匆那年》为例，影片讲述的是男女主人公步入社会后回首校园青春的故事。从剧本结构上来说，该片采用时空交错式结构，两个时空分别是15年前的高中到大学的过去时空，以及高中同学参加赵烨婚礼的现在时空。除了叙事结构和情节设置的程式化之外，典型人物角色也呈现定型化的特点。从承载情感表达的各种图解式符号来看，齐耳短发、白衬衫、白裙子、校服、白球鞋等人物外形符号，郁葱绿荫的校园、挥洒汗水的篮球场、明亮宽敞的教室、亲密热闹的学生宿舍等场景符号，因其在叙事系统中所具备的特定的象征功能而不断地产生视觉编码刺激。《匆匆那年》不论是在故事情节、人物设定还是符号表达方面都体现了青春怀旧片的类型特征。

二　青春怀旧题材电影的主题阐释

青年是一个宽泛的范畴，受到阶层、性别、受教育程度、地区等多方面差异的影响，相似的心理、情感和生活经历让青春年少的他们成为独特的群体，成为社会结构的重要组成部分，也是社会文化的重要因素，更是电影作品重点反映和呈现的题材。正如青春是人的特殊时期，青年在社会、政治、文化中具有特殊地位，青春的快乐与哀愁、热情与残酷、顺从与叛逆、初恋与失恋、独立与迷惘也都通过影视艺术得到充分的阐释和书写。

（一）多元化的融合主题

对其他类型片元素的杂糅是类型电影能够保持强大生命力的一个重要因素。青春怀旧题材电影通过融入其他类型的元素不仅会丰富自身的表现力，同时还可以吸引更多的潜在观众。在青春怀旧题材电影中，“青春”其实是作为一个主线而存在的，与“喜剧”“爱情”“都市”等类型元素交融在一起，并调试着其他元素，营造着青春怀旧题材电影的特色。青春怀旧片只有吸收其他类型的精髓，又不被其他类型的特色所遮蔽，才能真正实现自身独特的价值。

例如，《中国合伙人》就融合了青春、爱情和励志等类型元素，恰恰是励志主题使其与其他青春怀旧题材电影形成了鲜明的对比。影片以新东方真实的创业故事为基础，讲述三个男人的情感与成功，反映了20世纪80年代大学生的“中国梦”。“梦想是什么，梦想就是一种让你感到坚持就是幸福的东西!”“有些事情只有停下来才能看清楚，总有些更重要的事情赋予我们打败恐惧的勇气。”“我们只有在失败中寻找胜利，在绝望中寻求希望。”“其实我们追求的不是成功，而是自己的尊严。”“去向那个打你的人去学习，直到你变得比他更强。”……脍炙人口的台词令不同年代的人们追忆自己的光辉岁月。

（二）成长主题和情感主题

青春题材电影的母题虽多，往往涉及暴力、性、梦想乃至精神分裂等问题，但归结起来可以汇总为两类：一类是成长主题，另一类则是情感主题。这两类主题的典型性和审美性是最为突出的，无论是在影片中凸显青少年的暴力斗殴，还是对性欲所产生的困扰等，归根结底仍然与成长或情感有关。长期以来，国产青春题材电影的精神内核往往是“成长涅槃”，即中国特定历史环境下形成的青春经历，包括政治背景的影响、父辈的管教规训、学校师长的教育、社会环境的浸淫，成长过程中往往伴随着挫折和痛苦。《阳光灿烂的日子》（1995 年）、《长大成人》（1997 年）等都蕴含了成长的寓言，是长大成人的宣言书；《青红》（2005 年）、《向日葵》（2005 年）等作品将成长寓于时代变革、心理蜕变和人伦现实。这类影片所反映的矛盾通常来自青年的自主性主张与既有的社会秩序（以父辈与权威为代表）之间的不同需求，二者之间的对峙与冲突几乎成为几十年来青春片不变的主题。

以《致青春》等为代表的青春怀旧题材电影却是着重阐释情感主题，《致青春》重点阐释的是女主角郑微的情感历程，《小时代》的主导关键词则落在了友情上，讲述了林萧、顾里、南湘、唐宛如四个女孩所经历的友情、爱情、梦想的转变。青春怀旧题材电影选择了回避或淡化青年本能性地打破约束和限制、挑战父辈与权威等意识形态层面的冲突。南开大学教授周志强曾对当代文化做出这样的判断，具有政治力量的青年文化消失了，而去政治化的消费主义的青春文化在崛起。百年来，中国青年文化是现代社会追求进步的文化，是鼓励创造新的未来的文化，而今天的青春文化则是在“青年消失”后崛起的文化，是消费文化的后果，也是消费文化的核心内容。他认为，青春文化与青年文化具有明显的差别：青年文化的关键词是“理想”，青春文化的关键词是“欲望”。因此，《致青春》《小时代》等影片中的青春被塑造为过度浪漫化的想象，怀旧情绪更是把过去的记忆加以美化和浪漫化，青春电影也从残酷青春走向了唯美青春、怀旧青春。从早期对青春的反抗性、边缘化书写，逐渐演化为对青春的解构和消费，这势必导致青春片失去了原有的精英意识和反抗精神。

（三）怀旧主题的呈现

青春怀旧题材电影作为新崛起的电影亚类型，不仅以对青春的怀恋来表现对现实的否定，还以电影中密集的怀旧元素和叙事策略进行呈现。青春怀旧题材电影惯于在“过去”和“现在”两个时间维度上展开叙事，从而形成“旧日的梦想”与“残酷的现实”的尖锐比照、“过去的美好”与“现实的平庸”的残酷对照。以《匆匆那年》为例，交叉蒙太奇的剪辑方式打破了平铺直叙的叙事方式，影像不再是对真实的简单复制和直白再现，而是塑造了一种浓缩真实又超越真实的拟像世界。一方面，影片内容是创作者对“过去”的现实与“现在”的现实的高度提炼，将连贯的实际时空压缩到在“过去”与“现在”之间自由跳跃的影像时空；另一方面，对“过去”和“现在”的交错并置使观众在消费影像的过程中产生对自我青春过程进行“自述”与“自省”的强烈愿望。

青春怀旧题材电影在叙事方式上，以后现代风格为画面表现，以“怀旧”为叙事策略，以“梦想”为主题话语，开展了一段既是个人的又与转型社会密切相关的叙述。一方面，影片以倒叙或顺叙先后接续整个青春叙事，正在进行或已经逝去的青春回忆，形成了既未完成又延续了的青春状态；另一方面，以缅怀青春的方式，试图抚慰成长之后所遭遇的残酷现实及情感的创伤，弥补某种存有缺憾的感觉，达到延搁青春流逝以释怀之目的。

（四）价值观的错位

从《中国合伙人》《致青春》《小时代》等不同时代背景的影片中，可以洞见“70后”“80后”“90后”不同时代大学生的思想意识、价值观念和生活方式的变迁。《中国合伙人》展示的是20世纪80年代初期的校园，那是一个读书至上的时代，是一个“思潮、方法、主义”蔓延的时代，我们看到的是孟晓骏组织的读书会，是成东青和苏梅的秉烛夜读，“理想主义”深深地烙印在这一代人的心里。《致青春》中的20世纪90年代中期的校园则消解了这种思想追求的狂热，取而代之的是宿舍的世俗观念谈话，以“泡妞”为目的的社团活动，宿舍里的黄色录像、打牌游戏。而在故事背景设置为21世纪初期的《小时代》中，校园与社会已经交融在一起，影片充斥着典雅出众的黑色小礼服、昂贵的LV和Dior手袋、豪华衣帽间，以及早熟的世故与机智、爱情中的高傲与无奈。《小时代》系列之所以被诟病，其中一个原因就是对青年价值观的扭曲，甚至有影评人毫不留情地说，《小时代》的炫富和堆砌达到了一种病态的境界。

当前的青春怀旧题材电影整体陷入了思想性VS市场化、精英VS世俗的选择困境，并没有很好地找准精英文化与大众文化、思想水准与市场操作的平衡点。以备受推崇的《致青春》为例，其所塑造的主角郑微、陈孝正等青年有个性却无深度和思想。陈孝正在分手时发表了一番冷酷的人生宣言：“我的人生是一栋只能建造一次的大楼，所以我错不起。”陈孝正是著名学者钱理群所谓的“精致的利己主义者”，连爱情都纳入理性的计算范畴中，这种青年的未来可想而知。

青春怀旧题材电影虽然抓住了消费文化时代的要点，但这并不意味着必须要靠浮华物质、插科打诨和堕落颓废来吸引观众的眼球。但统观青春怀旧题材电影，可以看到以青春为名的各种内容：堕胎、被开除、斗殴、仇恨、自卑、邋遢、抽烟、酗酒、看色情片、手淫、逃课、叛逆、精神贫乏及理想追求的迷惘与困顿等。作为“青春疼痛系列”的代表作《左耳》在2015年4月上映后，一时间成为极具话题与争议的影片，被影评人评论为“《左耳》：不堕胎的青春片”和“不堕胎的青春，‘堕胎’的人生”等，最终取得了4.85亿元的票房收入和5.4分的豆瓣评价。网民总结的青春怀旧题材电影故事设定流程如图1所示。

三　青春怀旧题材电影的文化表征

“表征”这一概念在当代文化研究中频繁出现，并占据着举足轻重的位置。其中，斯图亚特·霍尔的文化表征理论极具代表性，在文化研究领域的影响也极大。他认为，表征是人们通过语言（即符号的意指）生产意义

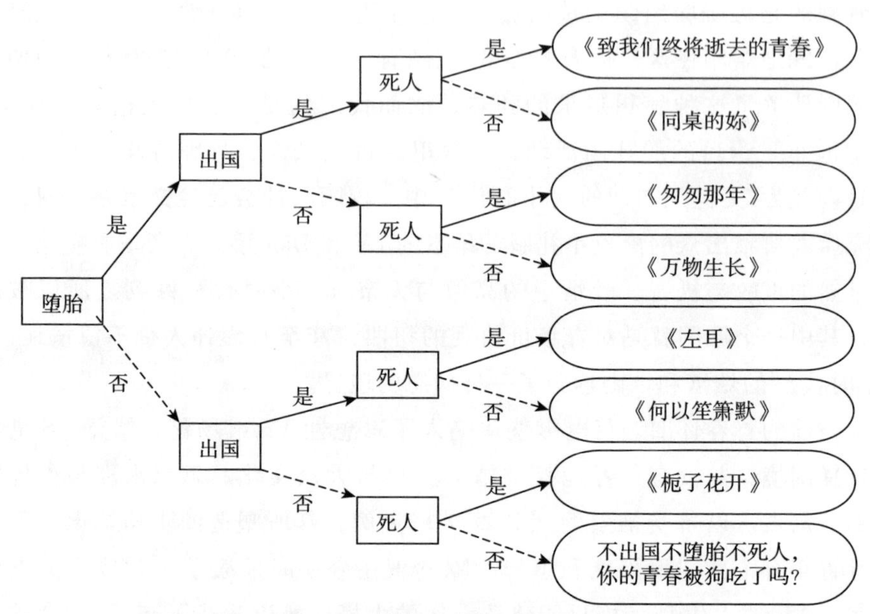

图 1　网民总结的青春怀旧题材电影故事设定流程

的过程，这一过程使使用同一种符号系统的人得以进行意义的传达和交流，从这种意义上讲，人们通过表征构建了意义世界。

（一）仪式活动和历史事件对青春记忆的重构

“文化记忆以文化体系作为记忆的主体，是超越个人的。因为记忆不只停留在语言与文本中，还存在于各种文化载体当中，比如博物馆、纪念碑、文化遗迹、歌曲以及公共节日和仪式等。”广播体操、眼保健操等行为作为一种仪式，自然成为校园文化记忆中的重要部分。在青春怀旧题材电影中，主人公以及所处特定年代的人们的日常生活行为和状态在电影中再现。

利用历史形象和符号的叙述对记忆进行重构，是许多怀旧电影采用的手法，电影中的人物成为历史事件的亲历者和见证者，将个人命运融入大的宏观事件的表征中。电影用图像化的处理手段呈现这些历史事件中的人物和事件符号，比如迈克尔·杰克逊的离世、中国加入 WTO、北京申奥成功、“非典”肆虐等，这些事件参与到电影叙事之中，被赋予了超越自身的价值意义，成为划分人们记忆的重要节点。人们甚至根据故事的背景轻易地辨识出这些电影中“青春”的年代归属，比如《小时代》对应“90后”，《匆匆那年》《同桌的妳》对应“80后”，《致青春》对应“70后”，而《中国合伙人》则对应“60后”，等等。

（二）国产青春怀旧题材电影中的音乐歌曲

音乐歌曲是电影作品的重要元素，具有塑造剧情、诠释剧情、触发联想和综合审美等功能。不仅如此，青春怀旧题材电影中的音乐歌曲还有更深层次的内涵与精神指向，大量的经典通俗流行歌曲使得影片亚文化的色彩更加浓厚。例如，影片《致青春》所选取的几首歌曲都极具代表性。《红日》是20世纪90年代流行歌曲中的经典之作；Suede是备受中国乐迷推崇的乐队，甚至很多乐迷是为了Suede的歌曲“*So Young*”而走进电影院的；王菲演唱的《致青春》是这部影片的主题歌曲，从音乐的角度对整部电影进行了回味与总结。这些歌曲既是对青春的回忆，也是对历史的记忆与书写。歌曲的这种记录功能使得观众无论何时都能穿越回当年的场景并沉浸其中，伴随着逝去年代的歌声，找回当年的身影与记忆。近年来国产青春怀旧题材电影代表作品主打音乐歌曲如表2所示。

表2　近年来国产青春怀旧题材电影代表作品主打音乐歌曲

片名	主打音乐歌曲
《致我们终将逝去的青春》	《致青春》、“*So Young*”、《红日》、《爱转了一圈》
《中国合伙人》	《光阴的故事》、《国际歌》、《黄河大合唱》、《土耳其进行曲》、《新长征路上的摇滚》、《一样的月光》、《花房姑娘》、“*Leaving on A Jet Plane*”、《潇洒走一回》、《海阔天空》、《外面的世界》
《匆匆那年》	《灌篮高手》主题曲、《还珠格格》主题曲《当》、《信仰》、《鸭子》、“*Don't Break My Heart*”、《对面的女孩看过来》等
《小时代》	《我好想你》、《时间煮雨》、《残忍的缠绵》、《万物无邪》、《雨》、《热雪》、《小小时代》、“*Are You With Me*”、《不管发生什么别放开我手》、“*Love Come Undone*”
《同桌的妳》	《张三的歌》、《同桌的妳》、《爱》、《我们是冠军》（*We are the Champions*）、《闲聊几句》
《万物生长》	《万物生长》《有多少爱可以重来》
《左耳》	《左耳》《放心去飞》

四　青春怀旧题材电影背后的社会文化心理

法国心理学家雅克·拉康（Jaques Lacan）的“镜像理论”指出，婴儿只有通过镜子认识了他人，才能意识到“自己是谁”，也就是说，他人是自我及其意识形成（或重构）的一面重要的镜子。青春叙事正是这样一种状态的真切体现。在这一意义上，影片的“青春”又带上了特定时代和社会的青春痕迹，不仅成为导演凭借个性的叙述方式再创造出的“青春影像”，而且以怀旧形式重构了观众的“青春镜像”。

（一）转型期的社会剧变与无处安放的青春

20世纪末，中国社会正处在急遽变革的时代，传统的文明秩序遭到了巨大的冲击，传统文化和伦理道德规范都受到不同程度的挑战。在这一社会转型阶段，对于已经逝去的生活方式的怀念和对未来的怀疑滋长了人们的怀旧情绪。

20世纪90年代，中国社会正经历80年代的启蒙主义让位给消费主义、精英文化向大众文化转型的阵痛。1989年以后的青年一代脱离了革命的宏大叙事和备受压抑的政治境地，告别了“五四”、革命、抗战、知青等字眼与事件，突然在平静优裕的现实生活中处于集体失语的境地。正如影片《致青春》所反映的90年代大学生的青春成长阵痛，抛开了70年代末和80年代的大学生们那种极度渴望学习西方文化、获得成功感的社会情绪，更多将视角投入个体自我的情感呈现上。

2010年以来，“80后”开始迈入30岁，“三十而立”，毕业工作、结婚生子、买房买车、上有老下有小，“80后”开始离开“独生子女”“蜜罐长大”等话语定义的童年期，步入现实社会，直面高房价、就业难等现实问题。正如影片《匆匆那年》中的陈寻、赵烨一样，“80后”在都市生活中开始回忆青春校园。青春怀旧片反映出人物在现实社会中变得苍老、市侩和虚伪，尽管赢得了金钱，却输掉了美好青春。无论男女老少，无论“70后”“80后”“90后”，在观看青春怀旧片时都会看到自己当年的影子，都会在面对现实的空虚和迷失的自我后，重温那种久违的温暖。这种集体的追忆和怀旧，具有储藏正性情感，维持和提高自我的积极性和归属感，面对当下的危机时统一自我、适应生活等功能。

我国“80后”“90后”沉迷于青春怀旧题材电影，在美国等发达国家也能找到类似的参照。实际上，青春片滥觞于美国的校园电影，20世纪60年代，美国物质基础的高速发展和青年精神生活的匮乏之间形成巨大的矛盾，由此产生了“垮掉的一代”。美国电影人以这一代具有代表性的人物为题材拍摄了许多青春片，如《邦妮和克莱德》《荒原》等。青春怀旧题材电影的火爆，可以说与社会转型期的时代背景息息相关。

（二）暮气沉沉的“80后”未老先衰

近年来，“80后”一代的怀旧情绪在网络上掀起一轮轮热潮。2008年，一则标题为《“80后”最难忘的歌与影像》的视频在网络上一经上传，立即引起轰动，播放量达数千万次，一度进入优酷网最受欢迎视频前三名的行列。随即，网友们竞相效仿，各种封存于“80后”记忆中的歌曲、影视剧、动画片等声画素材被重新剪辑、拼凑在一起成为合辑，组成一段段以老素材为内容的新视频，并上传到视频分享网站，让拥有共同回忆的网友在熟悉的歌曲与画面中遥想远逝的童年时光。2009年，一首配有1993年人民教育出版社的英文课本插画的MV《李雷和韩梅梅》受到了曾在该版英文教材的陪伴下度过中学生涯的“80后”一代的集体追忆。课本中的一个个人物名字贯穿了整首歌曲，全新创作的歌词续写了课本之外的人物命运，使“80后”网友回忆起关于课堂上的种种趣事和课堂之外专属于青春期的“小美好”“小暧昧”。2010年，优酷网短片《老男孩》将“80后”网络集体怀旧现象再次推向了高潮。作为“11度青春”系列短片的压轴之作，《老男孩》于2010年10月28日在优酷网首播，短短一周时间内就突破千万播放次数，并陆续在人人网、开心网、各大微博等社交网站转载，让“80后”的怀旧情绪空前高涨。他们在片中看到了曾经在“青葱”岁月里单纯美好的自己，以及正在拼搏奋斗并在现实与理想之间挣扎着的百般无奈的自己。《老男孩》一度成为网络空间的视觉焦点和“80后”怀旧情绪的“发动机”，反映了此片以及一批以“青春”和“梦想”为主题的网络视频，不仅成为“80后”一代真实生活的写照，也对这代人的心理状态做出合理合拍的诠释。

青春怀旧题材电影的火爆一方面迎合了“80后”一代的怀旧情绪，另一方面又进一步使其增强。2013 年在《致青春》上映的同时，《人民日报》等各大报刊展开了“80 后”为什么“暮气沉沉”的大讨论。本应朝气蓬勃的“80 后”一代的心态日益“暮气沉沉”，他们热衷于在童年玩具、语文课本、“李雷与韩梅梅”的故事中缅怀自己的青春。

（三）逃避现实心态下娱乐消费主义的盛行

消费主义时代下的“怀旧”电影，虽具有历史感的意义，但这种意义并非它所追求的真正意义，其真正意义在于“怀旧”电影纯粹的娱乐性。换言之，“怀旧”电影虽牺牲历史感，但其纯粹的娱乐性意义却逐渐清晰起来。在此意义上，不再注重历史感的“怀旧”电影，卸去颇多额外重负，从而专注于其娱乐的审美体验。作为怀旧类型的电影，那些代表时间轴的标志性事件不过是浮光掠影，并不影响片中男女主人公的爱情轨迹。因此，原本严肃的政治事件，就被可视性、表演性和娱乐性的成分所取代。

在消费主义时代下，电影作品迎合并助长人们潜在心理和本能欲望的满足，尤其是作品中所呈现的超越现实缺憾倾向的怀旧叙事，与当下大众寻求内心情感慰藉相契合。影片《致青春》《匆匆那年》正是通过这种怀旧的叙事方式，让观众沉浸于对已逝青春进行怀旧的审美体验的同时，抚慰观众在现实中的情感缺憾。但正因如此，《致青春》等青春怀旧题材电影缺乏对 90 年代、青春时代的真正理解，宏观上没有看到 90 年代在中国当代的文化意义，微观上没有挖掘出人物心灵深处的变化，更无法抓住青春年代最宝贵的东西——精神、思想和激情。

结　语

怀旧情绪是人类共有的潜在心理需求，怀旧叙事因其对现实缺憾的超越而契合了人们在社会转型期和个人转折阶段逃避现实、寻求慰藉的社会文化心理。青春怀旧题材电影巧妙地将“青春”“梦想”“爱情”“校园”等能够引发共鸣的元素融入其中，利用历史事件和文化符号还原青春时代的场景，从而激活观众的怀旧情绪。但某些影片在叙事中过于倚重历史文化符号和炫美影像的拼贴，使得内容呈现较为空洞化，唯美的记忆遮盖了世俗的真实。当前青春怀旧题材电影的成功主要是因为其在文化消费主义背景下借助影像化的审美世界引发共鸣和生发感慨，把观众的怀旧情绪和消费欲望转换为一次次集体怀旧体验。但肤浅功利的伎俩注定无法长久持续，青春怀旧题材电影还须牢牢抓住青年消费意识中的文化认同，从社会层面关注其语言、服饰、音乐、审美、形体、生活方式等符号，以其独特的观影体验使观众的心理与情感需求得到真正的替代性满足。

参考文献

陈旭光：《影视受众心理研究》，北京师范大学出版社，2010。

刘婧：《简析国内电影市场“青春来袭”现象》，《中国电影市场》2014 年第 8 期。

刘海波、祁媛：《在拟像中安放无根的青春——论网络怀旧视频的类型、本质与功能》，《上海大学学报》（社会科学版）2013 年第 5 期。

吉琳：《青春电影的叙事创新与文化反思》，《电影文学》2015 年第 7 期。

韩程：《拼贴、怀旧与现代——青春题材微电影叙事解析》，《当代电影》2013 年第 6 期。

陈月娥：《国产青春片的多重审美空间解读》，《电影文学》2015 年第 9 期。

郝改珍：《青春电影中怀旧情结之思考》，《吕梁教育学院学报》2014 年第 4 期。

王诗如：《国产怀旧电影中青春的集体记忆建构》，《兰州文理学院学报》（社会科学版）2014 年第 5 期。

余晶晶：《“青春镜像”电影之反思》，《北方文学》2014 年第 11 期。

曹新伟：《空心的青春叙事与混乱的审美诉求——评电影〈致我们终将逝去的青春〉的艺术缺陷》，《创作与评论》2013 年第 18 期。

刘小波：《电影歌曲的符号学阐释与电影意义生成——以影片〈致我们终将逝去的青春〉为例》，《广西职业技术学院学报》2014 年第 6 期。

唐宏峰：《怀旧的双重时间——〈匆匆那年〉与 80 后青春怀旧片》，《当代电影》2015 年第 2 期。

孙晖：《从〈匆匆那年〉看校园怀旧青春片的类型策略》，《当代电影》2015 年第 2 期。

“为所应为”：纪录片的伦理道德研究

比尔·尼科尔斯 著[*]　李晨曦 译[**]

摘　要： 本文是比尔·尼科尔斯在2006年针对纪录片拍摄中产生的伦理道德问题撰写的一篇论文。文章讨论了拍摄者、被拍摄者与观众之间的关系，阐述了纪录片在发挥阐述正义、表达修辞、揭露真相等功能中，如何既能尊重被拍摄者，又能赢得被拍摄者与观众的信任，同时还能发挥从不同视角揭示事件真相的作用，并论述了伦理道德的标准应当因时而异，符合当下的人群心理状况、社会环境与历史背景，而非一种一成不变的法则。

关键词： 纪录片　伦理道德　拍摄者与被拍摄者的关系

在纪录片拍摄中，建立一个评判纪录片伦理道德优劣的标准，不是一个简单的问题，就像“《重大时刻：孩子们的游行》（*Mighty Times：The Children's March*，2004年）是否配得上奥斯卡奖”这一问题已经在美国电影艺术与科学学院（AMPAS）内部产生诸多争论一样。这部电影把搬演与历史镜头混剪，并选用特定时间、特定地点的暴力档案资料镜头来展现影片情境中的暴力。有人指责这种做法误导了观众，并给观众造成了“在给定的时间和地点确实发生了这件事”的假象。[①] 那么，这部电影违背伦理道德标准了吗，而这个标准又是什么？

---

* 比尔·尼科尔斯（Bill Nichols），美国著名电影评论家、理论家，当代纪录片研究创始人。

** 李晨曦，北京电影学院现代创意媒体学院导演系讲师。

① Irene Lacher, “Documentary Criticizes for Re-Enacted Scenes,” *New York Time*, March 29, 2005, www. nttimes. com/2005/03/29/movies/documentary-criticizes-for-reenacted-scenes. html.

无论是在人类学、法律、医学还是新闻业的范畴里，所有伦理道德规范都是在公共体制的环境中起作用的。这些行业中，比如电视业有自己的伦理道德准则：这是纪录片制片人普遍没有探索过的领域，更不用说采用。[①] 人类学家、医生、记者要遵守他们的职业准则，如果没有做到，就要承担失败的相应后果。他们的伦理道德规范至少有两个目的：（1）通过建立自我管理机制，防止那些既得利益团体的外力干涉；（2）维护专业团队相关方的福祉。

美国电影协会（MPAA）的故事片评级系统（从 G 级到 NC-17 级）也具备这两种功能，但它们不能与伦理道德规范相提并论。他们保护行业免受政府和相关组织的干预，鼓励电影观众评估电影的内容。没有提交给 MPAA 评级的成人电影具有更加自由和灵活的评级方式。这种评级方式与包含色情内容的作品（通常称为色情电影）评级方式具有相似之处。开玩笑地说，此类电影的评级工作能够立即引起人们的兴趣。与警告相比，此类评级更像是一种承诺：它确实可能有警告的功能，但其主要目的是向人保证，此类评级的电影将确保会提供成人内容的镜头影像，而非以任何形式为此类内容明确伦理道德标准。

此外，电影在完成并提交审查后会收到 MPAA 评级。相比之下，伦理学可以指导电影制作本身，让电影制作者调整其当下的被拍摄对象与潜在观众之间的关系。因此，我们难以想象纪录片的评级体系是什么样子。这个评级体系下又有哪些类别，谁会用什么权力来管理他们，用什么后果来威胁他们？也许答案会浮现，但是纪录片的伦理道德标准问题的解决绝非一朝一夕之事。

当制片人和演员之间没有义务责任时——纵然演员和制片人可以建立明确的合同关系，但当被拍摄对象的生活溢于框架外，他/她在镜头前的行为本身可能会造成严重的伦理道德问题，如果这些行为不合法，制片人需要对此负责。电影制作人要避免一切蓄意或是不明显的事实歪曲、虚假呈现或屈从于政治压力的行为，甚至是一些有更大目标的行为，比如"获取

① 这并不是说学者忽略了此问题。参见 Larry Gross，John Katz，and Jay Ruby，*Image Ethics：The Moral Right of Subjects in Photographs，Film，and Television*（New York：Oxford University Press，1988）。

真实事件”或“揭露不公”。制片人对观众更深一层的义务是什么，他们会根据影片的表达而对历史事件的某些方面产生新的理解吗？电影可以加入重要的时事元素。制片人试图通过一系列影像表现技巧来传达自身对事件的道德判断、政治观点，意在触动、感动且动摇并说服观众。但是，导演怎样确保这些意在说服观众的表现技巧不会误导观众或歪曲既定事实，不会肆意操纵事件年代、改编事件的因果关系，或无视基本的证据规则？就这一问题制片人有什么义务与责任？

纪录片的制作是一项直接涉及他人的艺术。它源于他人的生活，有时是从未被加工过的、未经调整的生活形态。因此，当他人的生活是影片整个主旨所在时，伦理道德准则的存在就是表现被拍摄对象的必要先决条件。然而，大多数电影学院没有道德伦理相关课程，尽管道德伦理问题还未解决，但很少有纪录片制片人愿意花费时间精力去提升他们在此方面的能力。

纪录片是修辞艺术。像经验十足的演说者一样，纪录片人在意的是赢得观众的赞同，而不仅仅是作为一个“信息传递”的媒介。“说服观众”的目标可以通过诗意的、崭新的手法展现出来，例如电影《雨》（尤里斯·伊文思，1931 年）、《失衡生活》（高佛雷·雷吉奥，1982 年），或使用政治展现的手法实现这一目标，比如《猪年》（埃米尔·德·安东尼奥，1968 年）、《奥巴马的美国》（迪内希·德·索萨）。但是，修辞的重点永远是“怎样合适”或“怎样有用”（一度被称为“礼节”：一种语调、一个例子、一个情景中吸引人的维度）。你可能觉得只要达到了预期结果“怎样都行”，但就像“行为礼仪”所表示的，并非所有的技法手段都是美学上或伦理上可以接受的。

然而，修辞不是一种不道德的艺术。它对表现手法的依赖表明：它主要依靠社会共同的预期、价值观和信仰而存在。更重要的是，它们不是由逻辑或科学理念单独确立的，否则也不会有共同的“信念”。价值观和信仰构成了社会的基石，在复杂多样的社会中，不止一套假设和期望、价值观和信仰存在。不同的价值观和信仰会争夺它们在社会中的主导地位。因此，修辞学提供给人们有效的抗争手段。

纪录片是不同价值观和信仰争论的一种形式。对于一些人来说，《不择手段》中的伦理表达是正确的（这是非常重要的事情）。《西方的胜利》中将屠杀美洲原住民事件描述为“人们死于疾病”，这受到了德·索萨（D.

Souza）的驳斥。不那么极端的伦理观点认为，人们值得冒“要一点花招”的风险去探寻事件本身的潜在影响。这可能是《重大时刻：孩子们的游行》在剪辑时的考虑因素。对于其他人来说，如果以事实准确性或历史真相为代价，那么公平竞争的标准和历史准确性可能比用影像说服的目的更为根本。因此，我们难以确定某个单一的伦理道德标准。只有一套规则是不现实的，因为此类标准或者指导方针需要同样适用于社会主义、宗教激进主义或女权主义的观点。我们的核心问题是，是否有这样的伦理准则能普遍适用。修辞传统和修辞在伦理中的运用给我们提供了灵感，因为修辞能够作为一种表达工具，传达内心情感与思想，进而成为伦理修辞。如果出现欺骗、歪曲既定现实、滥用证据或宣传半真半假的情况，伦理修辞的运用就不能达到目的。蓄意行骗并非来自内心（而自我欺骗则是更为不同、更为复杂的），例如，一个修辞伴随着一个正当理由出现，抑或使用了错误的推论形式进行表现——对各种政治职位或选举候选人的宣传可能在某种程度上是有效的，但也会因此让人对此予以反驳、拒绝，并对其失去信任。这种手法极易因欺骗观众而被揭发，进而无法达到动摇观众、说服观众的目的。在搬演镜头与档案资料镜头联合剪辑的手法中，“搬演”和“档案资料镜头”二者无法区分。《重大时刻：孩子们的游行》便是一个例子：对于某些人来说，它符合民权抗议精神和与警察暴力对抗的精神，它回到了某个历史时刻，以展现那个时代的事件；但对于其他人而言，这种剪辑手法毁了这部电影。

纪录片的伦理准则需要注重保护两个团体的利益：（1）被拍摄对象（我称其为社会演员，因为他们在摄影机前表演他们的生活的社会方面，但通常不被训练成演员）；（2）实际观者或观众成员。在第一种情况下（通过“公映”的形式），没有关于使用一个人的形象的相关法律协议，在第二种情况下，也没有任何正式的合同可以详细阐明相关人员的权利和责任。不论在哪种情况下，道德准则都需要首先尊重被拍摄对象或观众作为一个独立自主的人，并且他们与制片人的关系绝不受权宜、欺骗或滥用的约束。

但当我们关注被拍摄对象时，伦理道德与权力之间的铰链就成为一个重要的切入点。事实上，许多纪录片制作人事业上的成功是建立在他人的不幸之上的。布莱恩·温斯顿（Brian Winston）曾愤怒、坚定地写下纪录片业中存在“受害者传统”现象，而这种现象在新闻报道中尤为严重。[①] 电影导演与被拍摄对象之间的关系近似于一个仁慈的或者不那么仁慈的独裁者与他的臣民之间的关系。我们应该采取什么主动措施来维护被拍摄对象的尊严和权利呢？

当我们关注观众时，伦理道德与电影表现之间的联系就变得极其重要。纪录片拍摄者在多大程度上对他们所表达的真实性负责？《矢志不渝》系列（1987～1990年）的联合制片人乔恩·艾尔斯（Jon Else）在邮件中向我表示，观众会相信纪录片中的事情是真实的，制片人需要对此负责，以积极有效的方式保护观众的信念，或者用行之有效的方式摧毁他们固有的信念。那么，在何种程度上以及在何种情况下，歪曲或欺骗可以被视为正当行为？

这些问题归根结底是信任问题，这是一种不能在立法中被提出或定性的问题，并且在理论上不能通过抽象的承诺来体现的问题，也不能在现阶段得出结论，或在谈判中依据某种具象关系赢得认可的问题。其实任何伦理道德准则都是试图去维持和维护人们的信任。这超出了合同协议本身可能规定的范畴，超过了生产法规的要求或评级体系的评估要求。最基本的问题是电影制作人如何与被拍摄对象进行面对面的碰撞，并获得他们的信任？

总而言之，通过纪录片电影实践的伦理道德规范，我们能够解决纪录片拍摄者、被拍摄对象和观众之间经常出现的权力失衡问题。除此之外，它还申明了尊重被拍摄对象尊严、获得观众信任的相关原则，并承认纪录片制作更多的是一种艺术实践而非科学实验。

简而言之，此类内容的指导性声明会指出：“不要做任何会失去观众信任的事情，不要做任何侵犯被拍摄对象人性的事情。”这显然是一种含混模糊的说辞。什么行为会危及信任，什么行为会侵犯他人人性？这种模糊的说辞并不是偶然出现的。这一点与纪录片的任一定义都有相似之处。也就是说，伦理道德应放在一定的历史背景下加以评说，而不应该不受任何约束。格里尔森对纪录片有一个著名定义：“纪录片是对现实有创意性的安排。”这无疑给模糊内容留下了很大的空间，而产生于1948年的另一个定

① Brian Winston, “The Tradition of the Victim in Griersonian Documentary,” in Alan Rosenthal, ed., *New Challenges for Documentary* (Barkeley: University of California Press, 1988), pp. 269 - 287.

义也大同小异："一种基于现实拍摄，或是通过真情实感和适当的重建搬演的手法，在黑色胶片上记录展现现实任意剖面的方法，目的是诉诸理性或情感、激发人类对某一事物的理解与认识，以及展现人类悬而未决的麻烦与应对方法。"①

这些定义本身是没错的，因为"创意""真诚""合理""真理"这些本身就是模糊性词语。格里尔森本人和其他人忽视了一点，即纪录片创造性的安排并非只有一种表现形式，也不止一个可站住脚的理由供选择，可辩论的真理也远不止一个。纪录片行业的传统，以及它们的标准都会改变。伴随着这些变化，人们对纪录片中的劝说、信任、侵犯人性的部分的态度也会发生改变。适合一种背景的内容并不适合另一种背景。除非有政治压力，在纪录片中，我们绝不会看到像《十诫》、《道格玛95》或是《贞洁誓言》这样的电影。也就是说，我们仍然可以更详细地勾勒出当代纪录片实践中出现的一些伦理问题。

纪录片拍摄者与他们的拍摄对象

纪录片拍摄者和其拍摄对象的关系通常可以通过他们对表现手段的处理方式来体现。被拍摄对象是否拥有表现自己的手段？除了某个纪录片拍摄者提供的平台外，他们是否有另外的平台？如果答案是"否"，相应地，纪录片拍摄者应避免影片中出现虚假内容、拍摄中剥削被拍摄对象或坐地起价滥用职权。那些依赖纪录片拍摄者讲述他们故事的被拍摄对象，即那些通常处于较低社会阶层并且最容易受欺负的人，最容易受到拍摄者的剥削。

正如《国际纪录片》中的一篇文章所表明的那样，许多纪录片拍摄者对拍摄那些可能无法表达自己想法的人的伦理困境非常敏感。② 当拍摄者已经给被拍摄对象提供了一些物质援助，而被拍摄对象无法做到制片人的要求时，这会造成不好的后果。Renee Tajima-Pena 拍摄了以家庭移民为主题的

---

① Frank Manchle, *Film Study: An Analytic Bibliography* (Teaneck, NJ: Fairleigh Dickenson Press, 1990), p. 245.

② Lisa Leeman, "How Close Is Too Close? A Consideration of the Filmmaker-Subject Relationship," *International Documentary*, June 2003.

美国公共广播公司（PBS）的电影《新美国人》（*The New Americans*）。然而，她并不是简单地旁观弗洛里斯家族争分夺秒地去政府办公室索取十三年后重新组建家庭的签证文件这个情节，导演知道他们计划搭乘的公共交通工具无法及时赶到那里。她选择干预整个事件，并亲自驾车送整个家庭去政府办公室，以便他们可以及时领到签证文件。她的行为改变了故事的结局，但是她的伦理意义超过了只作为旁观者的拍摄角色，她是社会中的真实人物，一个主动地承担责任的人。

另外一部具有积极伦理意义的影片是《生于妓院》（*Born into Brothels: Calcutta's Red Light Kids*，2004年），这部电影生动地展示了"纪录片拍摄者的伦理道德责任如何成为拍摄对象本身"这一内容。电影中正是通过帮助性工作者的孩子们学习摄影，随后也将孩子们的摄影作为他们自我表现的手段，扎娜·布里斯基解决了电影制作者和被拍摄对象之间的关系问题。始终围绕"如果没有她的介入，未来的孩子将受到严重限制"这一内容，显然会与客观报道的新闻伦理冲突，但这就是纪录片制作比新闻报道更具艺术性的原因。在这个案例中，故事的一个关键部分是纪录片拍摄者如何在观众面前传递自己的思想，传递出观众能够反思、评判自身的内容。

当被拍摄对象不依赖电影制作人讲述他们的故事时，伦理道德就成为"获得故事"更大的要求。公众人物通常有一个"形象"设定，而纪录片拍摄者没有义务一直延续其形象设定。对那些不太依赖拍摄者的人来说，一定程度的欺骗甚至是必要的，他们可能想尽量淡化自己的价值观和信仰（通常涉及他们自己的权利使用方式），谨慎塑造自己的行为形象。美国新闻一直未能真正挑战他们的采访对象，就像新闻报道中的那些官方新闻稿和"官方声明"，这些人希望观众相信他们所说的是绝对且独一的真理。

《安然：房间里最聪明的人》（*Enron: The Smartest Guys in the Room*，2005年）是根据安然事件的畅销书的虚拟目录，拍摄安然公司首席执行官所代表的强大力量有计划地利用媒体实施系统欺诈并以牺牲他人利益为代价的一部纪录片。即使在安然倒闭和首席执行官被捕之后，这些人仍继续讲述安然成功的故事，不承认他们干的任何恶事。就像《杀戮演绎》中的凶手一样，他们认为自己才是救世主，他们是这种情况下的金融天才，媒体则变成了罪魁祸首和替罪羊。导演吉布尼与一个曾经强大的公司及其前任领导人进行了斗争，导演把他们对民众的公开声明与饱含有罪嫌疑的幕后采访，以及在放松警惕时的采访录音平行剪辑到一起，并且采访了高度怀疑安然表面上成功的记者。

当影片被拍摄对象不喜欢自己的荧屏表现并施加压力以获得他们希望的表现方式时，因此造成的对影片事实真相的歪曲仍然是一个潜在伦理道德问题，但可行的解决方式是：除了被拍摄对象所偏好并干预的故事之外，相比于伪造故事的部分，其他展现出来的部分一定要受到较小的外界干预。在《安然：房间里最聪明的人》中提供了故事背景帮助观众了解来龙去脉，加之安然高管对刑事犯罪的强烈否认，并未展现对安然的起诉。

纪录片拍摄者与观众

纪录片伦理道德实践以其使用准确无误的影像、清晰精准的推论和经得起推敲的历史现实达成推崇理性及突破逻辑的目的，以寻求更为深远的意义。纪录片是试图唤起情感，抑或更替抑或加固原有约定俗成的认知，并推动信仰的行动。这些信念有时源于内心，有时源于意识形态，但它们发挥了一种引导力，且很难被理性本身取代。

那么电影制作者如何解决纪录片中的有修辞的影像抒写、失实表达和谎言、有计划地误导、掩盖事实真相、欺骗观众这一系列棘手的问题呢？呈现真实的历史镜头时也可能涉及虚假表现这一问题，因为实际上的画面可能是重新制作或在其他时间和地点拍摄的。档案资料镜头的使用标准同样是一个充满争议的领域，目前此领域并没有确定的标准。就情景搬演而言，这是一个“怎样达到搬演效果、哪些观众可以接受并达成共识”的领域，在这方面人们对一些新手段仍然存在争议。埃罗尔·莫里斯著名的《细细的蓝线》（1987 年）就是搬演了一件杀警冤案，并通过不同人物对案件发生情形不同角度的描述进行分析，结果成功地发掘出事件真相的故事。没有人把它看作重大事件，或认为是真实事件，因此，也没有人提供各种证据。莫里斯从未明确过真相到底是什么，也没有笃信谁就是真正的杀人凶手，但他确实表明，每个证人或参与者都有不同的故事，而所有这些故事都非绝对真实。因此，这部电影也成为业界纪录片主观性与客观性相融合的一个典型案例。

影像的虚假陈述也可能是另一种情况：为了“获得”某个历史事件的

“故事”，电影制作者独立讲述了一个历史故事，而这个事件实际上是为了拍摄而精心策划的。《意志的胜利》（*Triumph of the Will*，莱尼·里芬斯塔尔，1935 年）便是如此。重新拍摄各种场景，把这些不同时间和地点拍摄的镜头剪到一起，营造希特勒时代的场景，这符合当代纪录片的表现标准，对整个纽伦堡集会壮观场景的剪辑和制作本身就是为了达到此目的。然而，观众被误导为这个纪录片是真实的历史镜头，从这一点来看，这本身就具有欺骗性。

影像的虚假陈述也可以指欺骗被拍摄对象，让他们认为他们参与的是某种特定的活动，而事实上，他们参与的是另一种活动。在这种情况下，即便观众得知了情况，他们还是会感到不自在。经久不衰的综艺节目《隐藏摄像机》（*Candid Camera*）就是用一些很有趣的恶作剧来调侃那些不知情的被拍摄对象，以此来避免观众的不适感。反观在“服从”实验（斯坦利·米尔格拉姆，1965 年）中，他们招募不知情的志愿者进行一项“科学”实验，他们认为自己是测试者，测试志愿者的学习能力是否能够通过越来越强烈的电击来控制。事实上，这些测试者自身也在被心理学实验者测试，即在被测试的学习者遭受电击痛苦甚至会死亡的时候，他们是否仍愿意服从命令继续控制点击，甚至当这些测试人员听到被测试者的痛苦哀号时，扮演研究者的演员告诉他，“实验要求你继续”，直到测试者拒绝继续或测试达到最高（显然是致命的）水平时，扮演研究员的人才会结束测试。

实验后相关人员向被测试者公开实验的意图和欺骗被测试者的缘由，并让他们了解事情的真相（参与者相信被测试人员真的会遭到电击，但事实上并没有电击产生）。这种设置和实验结果令人振奋，它表明普通公民无论后果如何都愿意服从权力权威，但这显然是不符合现代伦理道德标准的。控制电击的测试者并没有获得知情权。他们会因此生活在潜在的创伤中：他们当时显然处在一个被操纵的情境下，被影像记录了他们的所有行动，而且不论他们的行为好与坏都会被公开。观众可能会庆幸自己对“人对权力的自愿服从”这一现象有了新的认识；然而，即使他们没有在遵守这些危险命令的境遇中，他们也会对那些表现出强烈压力和焦虑的受试者的困境感同身受。被拍摄对象和观众都可能质疑权力失衡的现象是否以不道德的方式被利用了。尽管米尔格拉姆的实验本身具有启发性，但他本人并没有预料到受试者会对命令无条件服从，并对这次实验感到遗憾。

结　论

当纪录片的伦理道德既能尊重被拍摄对象，又能赢得被拍摄对象和观众们的信任，同时还能发挥从不同视角揭示事件的作用时，纪录片便是合格的。这种合格并没有必须“做这个，做那个”的教条，而是承认道德问题仍然处于不断变化的历史背景中。我们要做的，是在当下特定的时刻找到基本的指导方向，而不是用死板的规则来解决一切问题。这些指导方向随着个人动机、组织目标和历史文化背景而变化。

一种开放式的或者说因时而异的伦理道德标准，一种针对确切时间和地点的适应于突发且不可预见的具体事件的标准，就像开放式的纪录片的定义一样，它将电影伦理的责任建立在整个纪录片实践领域的基础之上。这个领域包括纪录片拍摄者、被拍摄对象、营销方、播放媒介、评论家、学者和观众，他们都对纪录片的形式和未来产生影响。正是因为这样，整个纪录片实践领域肩负了纪录片如何表达和怎样接受的双重责任。正是在这样的背景下，相比于特定的体制框架，例如工作室、网络电视或者电影艺术与科学学院这些具有更多的制度上的特殊利益的机构，纪录片更容易培养出人们对伦理道德标准的最深刻的认识。这将是一个因人们的伦理道德意识发展而不断变化的“大众标准”，电影制作者、被拍摄对象和观众都会转而对我们这里提出的伦理道德准则进行更加深刻的反思。

电影批评

用时光去创造

——理查德·林克莱特电影分析

齐梦瑶*

摘　要： 时间这个议题，从电影蒙太奇技术诞生起，就被拿出来反复讨论。理查德·林克莱特的电影具有独特的个人风格，其影片使用最多的元素，恰恰就是时间。本文将根据其代表系列“爱在三部曲”，分析其电影的特色和时间元素的使用。

关键词： 理查德·林克莱特　时间　独立电影

理查德·林克莱特是美国独立电影的代表人物之一，研究他的电影，可以为我国的独立电影创作提供借鉴。20 世纪 90 年代，美国进入技术革新突飞猛进和电影企业兼并、收购的时期。这一时期，大量的娱乐电影公司更倾向于投资大片和超级系列电影，中低成本影片几乎消失。大公司更愿意制作高投资的“大片”、系列电影，大型电影公司的所有制作资源和资金集中在少数几个项目上。这些高投资的系列大片，要想获得丰厚的回报，必然要走入国际市场。这些影片为了在国外市场上“所向披靡”，尽可能地减少文化壁垒，削弱文化元素，从而方便世界各地的观众理解。好莱坞主流电影越来越注意“政治正确”，为了使观看群体最大化，许多少儿不宜的“限制级”元素、宗教问题等，都要小心避开。在这些条件的限制下，追求大场面、视觉奇观的动作片、科幻片、灾难片成为好莱坞主流电影中的票

* 齐梦瑶，北京电影学院现代创意媒体学院文学系助教，主要研究方向：视听新媒体、广播电视艺术。

房收割机。这种好莱坞主流影片虽然票房喜人，却并不能满足观众的多元化需求，时间长了，观众往往会视觉疲劳，尤其是具有一定艺术素养和文化深度的观众，除了视觉冲击外，更想看到反映人性复杂并且风格独特的“作者电影”。

“作者电影”更具作者的个人化风格，恰好可以弥补好莱坞电影的不足。以米拉麦克斯影业公司为代表的小公司发行投资独立电影，和很多独立电影人建立了长期的合作关系。圣丹斯电影节也为电影人的成长提供了一片沃土，与理查德·林克莱特同一时期的独立电影人，都有自己独特的风格，如伍迪·艾伦、昆汀·塔伦蒂诺、吉姆·贾木许、史蒂文·索德伯格等。这一批独立电影人中很多人的影片有一个共同特点，即导演参与编剧或者是完全承担编剧的工作，这是最大化导演风格的重要因素。因此，独立电影是完全个人化的，影片的制作水准或许并非很高，但一定是创作者内心的一种表达。虽然投资很少，但意识超前、风格独特。

理查德·林克莱特出生在美国得克萨斯州，得克萨斯州在美国是非常有名的保守州，其政治文化氛围非常独特，2015年美国联邦最高法院裁决同性恋者全面享有宪法保障的结婚权利，通过判例的方式确认了同性恋合法化，得克萨斯州公开表示反对，由此可见得克萨斯州的保守态度。林克莱特的叙事细腻绵长，平淡之中又有生活的趣味（例如多瑙河边的流浪诗人）。不同于同时代的昆汀·塔伦蒂诺大玩多线索叙事、暴力美学，林克莱特用几年的时间，慢慢讲述了平凡人的爱情故事，这种“保守”是否与他成长的环境有关呢？得克萨斯州的人口同时又是白人、拉美裔人、非裔美国人的融合，这种融合使得林克莱特的电影呈现多文化、多主题交融的特点。在电影《爱在日落黄昏时》中，男女主角坐在巴黎街头的咖啡馆，讨论关于不同宗教的话题。

林克莱特的“爱在三部曲”通过两位主人公的谈话，涉及了人性、艺术、理想等话题，内容丰富且见解独特。“爱在三部曲”与传统戏剧结构不同，这几部电影仿佛没有明显的矛盾冲突，没有百转千回的剧情，而是用大量的长镜头和大段大段的人物对白，讲述法国女郎赛琳和美国小伙杰西由偶遇到分开，到再次偶遇，最后步入爱情的坟墓婚姻的故事。影片拍摄跨时9年，影片中的主演真实地随着时间的流逝慢慢老去。青春饱满的脸颊开始松弛，眼角也出现了皱纹。人物从青涩到成熟，除了面容的衰老，还有心里的沧桑与精神状态的改变。这种时间沉淀下来的美感，是高超的化妆技术无法呈现的。这三部影片的名字也很有意思：《爱在黎明破晓前》（*Before Sunrise*）、《爱在日落黄昏时》（*Before Sunset*）、《爱在午夜降临前》（*Before midnight*）。破晓、黄昏、午夜三个时段，就像人生的旅程，又同时隐喻着爱情的走向。这一点正体现了独立电影的特点，表达了作者的想法与观点，不必迎合大众的期待。

林克莱特的影片有最漫长的时间，也有最短暂的时间。在《少年时代》里，他可以像一位极有耐心的垂钓者一样，静静观察水面的波纹，等待鱼儿咬钩。用 13 年的时间捕捉生活在时间的洗礼下的丰富的质感。同时又会像一个吝啬鬼一样，不给“爱在三部曲”系列的主人公多一点时间，每一部都只有几个小时的相聚。林克莱特深谙时间控制之法，时间成为他所有影片中共同的主角。《爱在黎明破晓前》中的男女主人公在火车上偶遇之后，约定在维也纳游玩一夜，第二天清晨分开。故事按照这个约定展开，进入平稳的线性叙事结构，叙事逻辑顺畅。但当我们仔细观看影片时，就会发现，时间上是线性前进的，空间上则是跟随男女主角的步伐随意向前。在空间的转换中，导演“偷”走了时间，让冗长的对话不至于过长，以免消耗掉观众的耐心。习惯于好莱坞经典的爱情叙事套路的观众，在看到两位主人公达成统一一起旅游时，可能会惯性地期待，旅途中会发生什么重大的事件，使得两个人最终决定在一起，有一个美满的结局，但在林克莱特的安排中，男女主人公没有发生明显冲突，只是用场景转换来引发对白，推动剧情。就连貌似会“预知未来”的吉时赛人，从两人的手相中，也只是说了一些语焉不详的句子。导演始终引导着观众的好奇心。

导演将这个故事延续到了 9 年后的《爱在日落黄昏时》中，在这一个故事里，已经相识却分别已久的两人在书店重逢，杰西要乘坐 19 点前的飞机。彼此互相倾诉的时间，被局限在距离飞机起飞仅有的短短 80 分钟里。[①]到了《爱在午夜降临前》中，疲于家庭琐碎生活的他们，在身边人的推荐下抑或是心中存着对过往的怀念，两人决定去小旅馆重新体验一夜二人世界，这一夜也跟《爱在黎明破晓前》一样，一开始观众就知道了两人的行

① 汪睿：《浅论理查德·林克莱特 Before 系列“三部曲”的时间问题》，《美与时代（下）》2016 年第 1 期。

动安排。导演再一次将时间锁定，因而故事中人物行为基本在有限的可能性中，对于一个创作者而言，林克莱特再一次把自己关进了笼子里。这个牢笼，困住的是故事情节的发展空间与影片叙事情境的延伸。可恰恰是这种严格的时间节点控制，成为影片故事情节发展强大的推动力。影片一旦开始，叙事时间和故事时间都在不断推进，观众从来不会在别的电影中，如此刻意地关注“时间”这个因素。长期以来，电影中的时间，都是导演和剪辑师的玩具。但在林克莱特这里，他把玩具交到了观众手中。观众会格外小心翼翼地关注每一个感情触点。影片虽然看似平淡缓慢，随着时间一点一滴地流逝，观众却越来越好奇这二人的命运。但看到最后，我们会发现，生活依旧是生活，主角似乎改变不了什么，这种期待后的失落感，可能就是导演对生活的态度。当《爱在日落黄昏时》中的两位主角在9年后再次相遇，在一般的爱情电影中，这样的场面一定是相爱的两个人历经磨难，终于相见的高潮段落，林克莱特却安排在开场十分钟左右就出现了。这一个相遇似乎是给上一部影片一个交代，观众以为结束了，可生活还要继续！两个人换了一个场景，继续热烈地讨论。当赛琳抱着吉他为杰西唱一首华尔兹的时候，两人间的默默温情，让观众打心底里呼喊：“在一起吧！”但林克莱特只是给我们一个开放式的结局，让观众去猜测。

“爱在三部曲”的拍摄风格，有很强的纪实感。这种纪实感首先来自长镜头的大量使用，电影艺术语言的长镜头主要有真实地再现完整的时空、更加开放的观看视角、创造影片纪实的风格、表现人物的内心世界四个方面的作用。在《少年时代》中，林克莱特不仅大量使用长镜头，还会使用手持摄影、跟拍的方式来进行拍摄。这些拍摄手法在纪录片中屡见不鲜。在镜头的选用上，大量的标准或中焦镜头，让大量画面的视觉效果接近人眼所看到的效果。从演员的角度来看，林克莱特的时间跨度，是真实存在的，演员的成长被电影镜头清晰地记录下来。观众会有陪伴角色成长的真实感受。

理查德·林克莱特虽然在独立电影方面很有建树，但这些成就并不妨碍他与大制片厂合作，他的《摇滚校园》和《新少棒闯天下》都是由大的影业公司投资的。他说，在有投资的时候他会更多地听从制片人的意见，在做独立电影的时候，则尽可能地发挥自己的想法。因此林克莱特的影片风格比较多元，并有美国本土文化、音乐融入影片之中。他独特的叙事风格和对人生的深刻思考，奠定了他在独立电影界中的地位。

从《辉煌年代》回顾21世纪马来西亚的电影发展

陈墨白　吴　桐[*]

摘　要： 马来西亚是一个拥有多元文化和多族群的国家。20世纪初的马来西亚独立电影在一群天才年轻导演的带领下，在各大电影节崭露头角，被外界称作马来西亚电影的新浪潮。如今，十多年过去了，随着马来西亚经济的发展和电影行业的成熟，在这片土地上，独立电影导演逐渐转向商业电影。2016年周青元导演的电影《辉煌年代》（*Ola Bola*）除了享有较高的业界口碑外，还在2016年新年档期成为全马票房冠军，这代表马来西亚的本土电影已经正式迈入了新的历史阶段。

关键词： 马来西亚　东南亚　新浪潮　独立电影　商业电影

从2014年的《一路有你》到2015年的"*Police Evo*"，再到2016年的《辉煌年代》（*Ola Bola*），马来西亚本土电影连续在东南亚地区尤其是新马地区斩获了票房佳绩，令人刮目相看。马来西亚这个拥有3000多万人口、三大种族的年轻国家向全世界宣布自己的电影产业正式进入了新的时代。长期以来，小国电影市场是被电影大国影视巨头瓜分的地方，马来西亚也不例外，美国、印度等曾经长期垄断这个东南亚国家的电影市场。而马来

* 陈墨白，青岛科技大学传播与动漫学院创意影像研发中心主任，马来西亚林国荣创意科技大学创意学博士，影视动画导演，参与制作影视动漫作品六十多部；吴桐，北京电影学院现代创意媒体学院教师，毕业于马来西亚林国荣创意科技大学国际影视贸易专业。

西亚本土电影的发展与这个国家独特的民族文化、经济发展状态和本土电影人的成熟有密不可分的关系。

一　马来西亚独特的多元文化

马来西亚是一个非常有代表性的多民族、多元文化的国际化国家，长期以来可以被看作了解世界主要民族、宗教和社会的窗口。从人口比例来看，全国3000多万人口主要分为四大部分，分别是占总人口60%的马来人、22%的华人、7%的印度人和11%的外国人（非公民，因该国政策而来长期居住的外劳、难民和留学生，主要来自泰国、印尼、中东和英联邦等国家和地区）。从文化信仰来看，马来人都是温和的逊尼派穆斯林，因为这里的伊斯兰化较晚，总体属于革新的新派伊斯兰文化，又因为长期的殖民统治，国家整体的文化包容性很强，这里还有大量中东移民，可以看作了解伊斯兰世界的重要窗口。这里的华人控制社会经济层面，拥有完善的华语教育体系和华校独立高考体系，当地华人一方面保留了以传统儒家思想为主的社会核心价值，另一方面因为语言优势，在文化上无缝对接了中国，这里在过去的几十年里也成为众多华人影视明星的家乡，影院播放的所有的英文电影均配有简体中文字幕，是一个观影条件很好的国家。这里也是学习印度文化和印度电影最好的地方之一，近年来，随着经济的腾飞，再加上其雄厚的电影工业基础优势，印度电影一直是马来西亚影院每周都会上映的常客。这里的观众不但能第一时间看到印度宝莱坞的优秀作品，而且可以看到许多近几年突飞猛进的泰米尔语电影。除此之外，这里的年轻人还可以第一时间看到中国、日本、韩国、泰国的最新影片，再加上低廉的票价，这里是一个不折不扣的电影观影天堂。而这种观影优势另一方面也成为劣势，这里小小的国内电影市场成为各国优秀电影瓜分票房的地方，而太多的优秀国外电影使本国电影生存空间非常狭窄，尤其是到了1997~2000年的经济危机时期，马来西亚国产电影在投资和票房竞争的双重压力下，跌入了谷底。不过中国哲学所谓否极泰来，21世纪以来在这片充满了多文化电影细胞的土地上，诞生了亚洲电影的另一个新浪潮。

二 马来西亚电影新浪潮

作为英国的殖民地，马来西亚这片土地是亚洲最早开始拍摄电影的地方之一。从19世纪末拍摄设备被英国殖民者带来并使用开始，到如今已经接近120个年头。20世纪初，华人一度控制了马来西亚的电影行业，随着60年代独立建国，在20世纪末，马来人电影水平也得到了大幅提升。而就在这时，席卷全球的经济危机却给这个国家年轻的电影产业沉重一击。根据统计，因为人口和票价，马来西亚本地单部现象级电影票房的峰值在3000万元左右，一般影片的票房只有几百万元，所以本地影片的投资一般不会超过300万元，甚至大大低于现在中国拍摄某些网络大电影或者电视电影的费用。而在经济危机时期，就连这点投资，电影人也无法获得，在逆境中导演和制片人们八仙过海各显神通，很多导演都是自编自导，以自己独特的视角阐述人性细节，减少投资，用独立电影的方式去描写这个多元多彩的社会。从2000年开始，一大批马来西亚本土马来人、华人、印度人年轻导演的独立电影，席卷了亚洲甚至全球的电影节，他们的电影在国际上屡获殊荣，在马来西亚国内却鲜为人知。他们的电影往往直面马来西亚现实生活存在的问题，包括打破传统的族群意识、政治禁忌与文化保守。在21世纪初的那个年代，马来西亚独立电影绝对算得上世界影坛一幕独特而清新的风景，有影评人称亚洲电影新浪潮的下一站就是马来西亚。作为这场新浪潮运动的主力，有大荒团队的马来西亚华人导演陈翠梅（Tan Chui Mui）、刘成达（Liew Seng-Tat）、何宇恒（Ho Yo-Hang）和李添兴（James Lee），还有马来族的Amir Muhammad，另外还包括有着超凡魅力的女导演雅丝敏·阿末（Yasmin Ahmad）、个性另类的杨俊汉（Joon Han Yeo），以及1995级北京电影学院导演系毕业的周青元等导演。这群年轻导演经历了马来西亚电影最艰苦的年代，他们甚至把一部电影的制作成本压缩到了之前获得的1万美元的电影节奖金，继而又创作出新的好作品。比如，陈翠梅的小成本影片《爱情征服一切》就是一部典型的女性电影，影片从非常女性的视野探索爱与被爱的关系。爱情征服一切，当陷入爱情而不能自拔之时，爱者会为被爱者付出一切。正像导演所阐释的那样，影片不是在讲一个单纯的爱与被爱的故事，不是想探索隐藏在美丽的爱与被爱的关系背后的权力运作。谁爱得更多，谁就会被征服更多，会为对方牺牲更多。而这一切都是在影片的每个细节中体现的，并获得了众多电影人的好评。再以雅丝敏·阿末导演为例，作为马来人的她同样生活经历丰富，先是关于自己行业的选择，前夫是印度人，后来又与华人结婚，精通广东话等，本人痴迷于中华文化，常年为电视台制作每个民族的广告和电视节目。在马来西亚新浪潮的带动下，有着丰富的生活积淀的她也决心从电视广告行业转而成为真正的电影人，她转型后的每一步作品都是围绕马来西亚特有的族群特性展开的，鲜明地描画出在马来西亚土地上的不同族群的真实生活，他们肤色不同、语言不通、信仰不同，甚至有些相互看不起，就如她的作品《我爱单眼皮》中所说的，“华人都是骗子、马来人都是懒鬼”，这群不同的人生活在同一片土地上，他们的相遇本来就充满戏剧性，且充满争议。而在雅丝敏的影片中，这群不同族群的马来西亚人却展现出了共同的爱，他们各自的内心深处都传承着各自民族最核心、最重要的传统文化，而这些深层文化却有着追求真善美的共同之处。雅丝敏的影片展现了只有在马来西亚这片土地上生活过的人才能体会到的民族异同之亲之美，通过自己的理解把马来西亚本土电影内涵提高到了新的境界。而这些优秀影片的出现，也慢慢获得了本土票房的认可，市场表明本土观众们除了欣赏外国大片，也非常欣赏反映自己生活和审美的本土电影。而2009年雅丝敏导演突然去世，给刚刚起步的马来西亚本土电影一个很重的打击。但更多的年轻导演不断涌现，下面我们所说的周青元导演就是其中的代表。

三　周青元导演和他的《辉煌年代》

在马来西亚长大的周青元导演，同样具有丰富的人生经历，从小痴迷漫画，励志做漫画家，毕业后当过雕塑艺人，干过多年的剪辑师学徒。直到来到中国求学，他才正式系统地学习了电影知识。1995～1999年，他在北京电影学院学习电影导演本科课程。毕业后，他放弃在中国良好的工作机会回到马来西亚，而他的第一部电影作品问世则足足推迟了十年。回到马来西亚后低迷的国内电影市场让他不得不转而从事电视行业节目制作多年，受新浪潮和雅丝敏导演的影响，他最终回到原先的电影之路。2010年他的第一部电影《大日子》上映，这是马来西亚第一部贺岁片，拍摄前的预算是100万令吉（约合160万元）。而就在开拍前两个月，投资商因为对本国市场缺乏信心决定撤资。走投无路的周青元只好一边到处借钱一边把自己的房子抵押出去，直到开拍前才勉强凑够经费。当时的他已经做好思想准备，万一失败就用接下来的一生一点一点还钱，现在听起来还是挺悲壮的。在如此背景下拍摄完的影片，一经放映立刻火爆，当初苦苦恳求才愿意上线的四十多家影院，场场爆满，最后票房达到420万令吉，打破了马来西亚国内影片的票房纪录。接下来，他的电影《天天好天》《一路有你》都获得了票房和口碑的双丰收。《天天好天》获得了多项国际电影节奖项，《一路有你》更是创造了新的本土电影票房纪录。人们在他的影片中既看到了早期新浪潮导演的叙事风格，又看到了雅思敏电影中民族交融的独特魅力，周青元的电影让人们看到了马来西亚电影的成熟。

2016年初，周青元导演最新的作品《辉煌年代》在全马上映，反应火爆。影片取材自真实历史事件，讲述20世纪70年代马来西亚足球队通过重重难关，培养了坚韧不拔的斗志和团结精神，在足坛史上写下光辉一页。由真实故事所启发，电影叙述一个多元文化的足球队，如何克服个人艰苦、团队矛盾、热情骤失等困难，并在一次又一次的磨难中，锻炼出过人的毅力，培养出团队默契，讲述了一个撼动人心的励志故事。通过体育运动，把不同民族、不同文化、交流起来南腔北调的运动员们团结到一起，共同喊出“生命总是无法预计，我们认命，我们不认输”的口号，为国家争得荣誉，整个电影让人热血沸腾，在这样一个多文化的国家，各民族的团结就是最大的胜利，这简直就是当今全球社会的缩影，表达了全人类追求大同的最高目标。这不仅是一部拍给球迷的电影，而且是一部拍给所有马来西亚人的电影。这部电影象征着马来西亚电影全面崛起的曙光。

细细分析本片，发现导演还是受到了新现实主义电影的很大影响。首先，本片有明显的记录性一面，因为故事源自真实历史事件，而且作为体育类电影，身临其境般的代入感和真实感一定是影片的重要部分，尤其是影片后半部分，重现了20世纪70年代在旧国家大球场的现场气氛。而在现代社会部分，导演大量使用实景拍摄手段带观众切身体验了拥有百年历史的“北婆罗洲铁路蒸汽火车”这一目前全世界仅存的蒸汽火车沿途风光。其次，影片为了最贴切地还原马来西亚社会环境，采用了多语言对白。马来西亚族群众多，平时生活中同时使用多种语言，甚至在电影中的比赛现场，球场解说席上就同时有三位解说员，用英文、中文和马来文进行现场解说。而在球员的现实生活中，完全使用各自语言。据统计，本片中共出现马来语、英语、普通话、泰米尔语、客家语、闽南语、粤语等七种语言的对白，这在以往影片中也是非常少见的。再次，本片在演员使用上采取了职业演员和非职业演员搭配的方式。整个影片在时间上分为两条主线：一条是70年代的史实故事，主要由职业演员演出；另一条是在现实社会，主要是记者对当年运动员的采访。两条线索交融在一起却毫无违和感。最后，整个故事中给人留下深刻印象的大多数角色是社会中的小人物。比如周国强的妹妹，她考试成绩全A，却认命地当了普通女工，口是心非地支持倔强的哥哥。再比如Muthu的小弟弟，为了支持哥哥，小小年纪就去工作。再如Rahman等，他们都是默默无闻的小人物，都从事源于自己兴趣的工作，在机会来临之前随时做好准备，最后带着家人的期望终于迎来了出头之日。正是因为受新现实主义的影响，本片变成了马来西亚老百姓自己的电影，也为后来的票房佳绩奠定了基础。

有人说周青元是典型的工匠型导演，他的电影是商业电影，而在笔者看来，他就像是马来西亚新浪潮时代前十年所有导演的集合体，而且他是幸运的，用自己的努力在新的时代取得了成功。马来西亚观众们也因此而发现讲述他们自己故事的电影才是他们最需要的。这不仅仅是周青元自己的成功，也是整个马来西亚年青一代导演的共同成功。整个亚洲都看到了马来西亚电影的崛起，越来越多的资本也愿意投向马来西亚电影创作之中。

四　未来的马来西亚电影

在2017年9月青岛的亚洲电影论坛上，两个来自马来西亚的导演杨俊汉的作品《睁眼入眠》，以及何蔚庭的《读心师》同时发布。这也预示着马来西亚本土电影国际化时代的到来。随着中国的经济发展和中国电影资本市场的火爆，未来将会有越来越多的马来西亚导演能够获得更多的中国投资帮助他们完成作品。从以往来看，马来西亚本国的市场规模较小，导致投资受限，马来西亚本国电影以低成本的感情戏为主，不敢涉及科幻片等大制作影片。而如今，马来西亚本土电影已经走出国门，尤其是马来西亚华人导演的作品或许将有机会进入巨大的中国电影市场，并获得比在马来西亚本土高得多的投资。这肯定是一件好事，但也将考验马来西亚本土导演对于大片的掌控能力。不过，无论如何，马来西亚电影近20年来的高速发展的核心在于其多元文化碰撞出来的智慧，无论市场大小、投资多少，多元文化的优势将一直是马来西亚电影的独特魅力所在。

参考文献

马然：《东南亚电影：在新浪潮之路上狂奔》，时光网，http://news.mtime.com/2008/11/05/1399110-5.html，2008年11月5日。

赵静：《陈翠梅解析马来西亚新浪潮　大荒电影一枝独秀》，新浪娱乐，http://ent.sina.com.cn/m/2007-11-24/01331805425.shtml，2007年11月24日。

崔颖、张瀚中：《"一带一路"视域下东南亚电影产业研究简述》，《中国电影市场》2017年第8期。

周安华：《马来西亚电影导演研究》，《当代电影》2013年第7期。

堵琳嘉：《大马多元文化的书写者——雅斯敏·阿末》，《当代电影》2013年第7期。

宁未央：《被禁止的和被允许的——马来西亚电影新浪潮》，《南风窗》2007年第14期。

张冲：《韩国电影借鉴》，《北京电影学院学报》2006年第1期。

视听技术

铂金印相工艺发展分析与价值研究

陆　倩*

摘　要： 铂金印相工艺作为一种“新型”影像呈现在摄影界引起过多次讨论，围绕它的特性大致有以下几个议题：在印相工艺中，铂金药液作为贵金属耗材，并且需经多次测试、多次制作后，才能得到一张作品，什么内容的照片值得做此项工艺；关于它的艺术性探讨；它如何进化才能有一个长远的、更结合当下摄影技术的发展；等等。本文主要围绕这些议题做一个发展分析与价值研究，以期受众对这项工艺更为了解。

关键词： 铂金印相　印相工艺　影像

对于铂金印相影像这个名词，大多数人还不熟悉，但在近年的艺术界和收藏界，却是风头正劲。由于铂金的稳定性，铂金印制的照片不像银盐照片和蛋白照片那样会氧化变色，其保存年限基本取决于纸基的保存年限。人们曾经在一艘沉没了20年的邮轮上发现了一张由铂金印相法制作的照片，那丰富的质感和意境盎然的画面，再次向全世界展示了它的恒久与神奇。人们喜欢的除了其价值外，更多的是其作为一种工艺的魅力。

铂金照片是摄影术发展到一定阶段将其贵族化、艺术化，使其成为摄影艺术的一张名片。同时，作为印相工艺，它注重影调丰富性承载的传递与表达，要比其他工艺更接近摄影，也就是所谓的需要摄影的技术技巧体

* 陆倩，北京电影学院现代创意媒体学院摄影艺术与技术系助教，硕士研究生，主要研究方向：摄影理论研究与创作。

现专业化。

由于其受到“绘画式”审美观点的影响，铂金印相在1920年之前都是主流的摄影工艺。在摄影史上，早期如施蒂格利茨、保罗·斯特兰德、爱德华·史泰钦、劳拉·吉尔平、爱德华·韦斯顿、伊莫金·坎宁安等摄影大师都热衷于铂金相片的制作。

在传统银盐时代，铂金印相法是一种需要把极为昂贵的具有光敏性的铂盐溶液手工涂布在相纸上，然后将负片与相纸在紫外线下进行接触印相的特殊工艺。它能够在印相时对局部影调进行控制，从而使画面影调非常丰富，产生多层次画意效果。所以，它成了照片收藏界的“贵族”。而且对于这一工艺的切身实践者来说，从按下快门的那一刻到影像制作完成，这个过程就是艺术。因为它是手工操作，没有一个统一精确的标准，所以它具有不可复制性。

一　铂金印相工艺发展分析

（一）承载介质可期进一步发展

在19世纪70年代早期，威廉·威利斯（William Willis）使用草酸钾显影以减少照片上的亚铁盐，最终获得了能长久保存照片的方法，而且威廉创办了第一个生产铂盐相纸的公司，即Platinotype公司。在很长一段时间内，纸成为铂金印相工艺的最终载体。但现如今，数字中间片的兴起很大程度上使得传统银盐时期的拍摄这一过程可以被简化，也就是说，铂金印相的技术门槛上没有了拍摄这一环节，工艺可以被大多数受众直接吸收成“handmade”。在这个前提下，铂金印相的承载介质可以是多种类型的纸，甚至是其他的介质，例如具有纸质特性的合成类材质，抑或合金板（不与药液产生化学反应）。

（二）何种影像都适合使用铂金印相工艺?

多元化摄影手段、摄影器材所生成的图片都可以成为铂金印相工艺的原始素材。首先，因为“造价”较高，很多人觉得照片本身很普通就不值得使用铂金印相工艺制作；其次，照片的被摄主体没有实际意义，也不值得使用铂金印相工艺制作。

我们要做的恰恰是将这种思维打破。在摄影的学术建设上，打破主题与主体意义界限是风向标式的指引。摄影本身对于摄影群体和摄影生态的及时关注，具有鲜明的当下性和阶段性，会成为摄影师们成长历程中的重要节点。同时，在当下信息交流与传播平台多元发展的时代，影像的价值在一定程度上照见了中国未来摄影的前进方向。因此，哪一张照片没有必要使用铂金印相工艺是没有明确标准的。

从狭义上来说，摄影工艺承担了摄影画面挖掘的工作。某种程度上被忽略了的影像可以通过一些手段实现其意义。我们常常知道姓名、知道某一张作品名，但我们不知道“它是谁”，在摄影史上，我们经常会忽略一些领域，而铂金印相工艺是很好地打破传统思维的一种方式。

从广义上说，影像的群体研究的摄影史论价值在内容分析中是不容忽视的部分。铂金印相工艺从摄影盛世到数字时代，任何时期都有人在尝试，从未被抛弃。这样一个时期的影像历史被集合，在中国也同样需要并且适用。

二　铂金印相工艺价值研究

目前中国摄影界的古典印相工艺研究与普及仍处于发展的阶段，近十年来摄影展、艺术展大幅增加，受众群体也更广泛。相较以往单一的图片或静态影像，印相工艺的重要性、特殊性就在于，它穿透了影像拍摄阶段，加入了更复杂多元的后期制作部分，从而进入其无法告知我们的那个区域。能够显现这个阶段特殊性的就是其整个工艺流程的各种不可预知。

要探讨铂金印相工艺的价值，恐怕不能局限在摄影这个狭义的学科术语范围内，更多的是要去证明这类影像最终为我们留下了什么（即摄影最原始的意义），铂金印相工艺对于摄影的艺术表达有什么意义（即摄影制作工艺的价值），铂金印相工艺要怎样实现从自我到大众的传播与普及（即社会需求，大众传播）？

（一）摄影之道

作为摄影的一种表现或呈现方式，这类古典工艺其实在某种程度上精准了载体。铂金印相工艺的定位不是教科书式的摄影创作，也绝非浅显地对摄影“发烧”从而尝试。多角度的切入来谈及印相工艺的主观性体现，为的是使其更为立体地作为一种有技术性、有艺术性的兼容创作，为的是肯定铂金印相工艺的身份并加以强化，为的是建立起其价值体系与发展的多种可能。

摄影对于铂金印相工艺的实现是必需的一个步骤。拍摄前期需进行测光与曝光的控制，即影像的影调控制。铂金影像的一个显著特点是拥有非常丰富的灰色调层次。用铂金相纸再现的白色部分层次丰富，黑色部分充满生命，即使在深色调部分，仍能表现出丰富的细节。更微妙的是，铂金工艺可以制作出丰富的色彩变化，从高贵的天鹅绒纯黑到怀旧的棕红色。而传统的银盐黑白相纸根本无法获得如此丰富的色调。

很多艺术家愿意跨界到摄影的融合性艺术环境内，使铂金印相成为一种既具有现实艺术价值又承载人文价值的影像。也可以理解为，摄影师借助铂金印相手段来加重影像本身的时代性、当代性，这是一种对逝去记忆的纪实。在 2018 年北京国际摄影周“再/在新闻”单元里，香港摄影师谢至德拍摄的《菜园村群相照》，通过 8×10 大画幅相机的厚重及铂金影像影调中体现出的对时间的凝固，对村民的生存状态与抗争（既作为文献记录也作为市民记忆）进行了相对完整而深入的视觉阐释。虽然受众的第一反应可能会是：影像本身的内容简单，很大程度上要依靠背景去解读，选择铂金印相来展示是一种矫饰。但是，对于所有参与者来说，这个事件本身的严肃庄重足以支撑起那样选择的理由。他把个人记录与观察转变为菜园村村民共享的集体记忆，也给出一种视觉上的集体身份建构，这直接让一切变得理所当然。

可见，某种程度上，铂金影像在当代的发展正寻求与如报道纪实类的题材等摄影类别的契合。例如郭国柱的那组《不在家的神像》，通过拍摄那些被人们放置甚至丢弃在野外饱经风吹雨打但仍然留有供奉者所赋予的烟火痕迹的佛像，荒诞的错位折射出当今社会盛行的实用主义价值观。

利用铂金印相工艺已远不在于“利用”，而是当代的影像需要铂金印相，从而得到它独特的关于时间厚重感的支持。嘉德国际拍卖行在 2003～2006 年的拍卖记录里，就有一组关于四川古镇的铂金影像《芙蓉花》。可见，质朴的被摄对象在摄影师眼里同样可以使用铂金印相工艺。

（二）铂金印相作为一种古典工艺传承

在摄影文化如此开放、多元的时代，铂金印相会被受众主观地制作、观看并理解、接受。印相工艺推向艺术市场，作为无可复制的一种产物，提倡“文化与艺术”。他们的答案有一些保持了“现场感”，即铂金工艺去呈现原先创作的影像，使得各项工艺成为影像的再创作选项。

近几年，在影像市场中较有说服力的案例应该就是摄影师今道子和西丸雅之的合作了。成熟的摄影师通过采用特殊表现形式的印相工艺，完成了一组严格意义上再造的影像。虽然创作的原则是最大限度地按照摄影师今道子原来的意图去表现，但是作为影像再造的参与者，影像中会有一定个人风格的呈现。这类再创造的艺术含量在界内认定的角度上，一定是只高不低的，同时，它更受艺术市场的青睐，或者也可以被认为它更当代。随着数字中间片使两种影像介质之间的传递成为可能，铂金印相工艺摆脱了对银盐的绝对依赖。在当代语境下，此举无疑是一种对过去湿版、蛋清、蓝晒之类小打小闹的手工技艺的突破。因为，依靠铂金印相会比其他工艺更易找到市场定位。

对于实现影像的艺术价值，摄影人应该有自己的思考，铂金印相不是体现价值的绝对手段，我们要做的是正视铂金印相工艺的审美，实现影像本身的价值。在当代语境下，后工业时代迫使人们对我们所居住的环境、我们的城市文明和我们内心的欲望进行深层次的反思，这也使得铂金印相工艺在影像界、在整个艺术收藏界呈现了反唯美、重解构的被尝试局面，而这样的作品只是被列入一度被边缘化的所谓的“当代影像艺术”中去了，大众对其认知程度也停留在“听说”的尴尬中，这并不是长久的发展方式。或许影像界是时候用批判的眼光来审视这个由影像构成的世界了，因为我们不但在消费这些照片，同时这些照片又让我们以同样的方式来消费世界，这最终使我们变得越来越贪婪、乏味和迟钝。

（三）铂金印相的社会需求

其实，铂金印相工艺在很大程度上都意味着距离感，但随着数码全民时代的到来与当代艺术在中国的强势入侵，数字中间片（数字负片，一般使用 OHP 透明胶片）与当代铂金影像成为铂金印相工艺在未来发展的两个标签，也就是两张名片。简单来说，数字时代的铂金印相可以脱离胶片到底片制作这个环节，而用艺术微喷等打印方式在数字中间片上打印出中间底，进而直接进行铂金印相这个步骤。事实上，它使铂金印相的适应性得到很好的扩展，由于数字技术对影像特性曲线的控制，大量的影像可以通过这个工艺进行二次创作，而避免了传统银盐复杂的底片密度控制。况且，数字技术对底片特性曲线密度的控制比传统银盐精确许多，且更容易统一，这大大降低了耗材损废。

从铂金相纸在 1916 年完全停产，至今已经有 100 多年的时间。现在，人们在数字影像时代重拾这种技艺，将数字技术与手工技艺完美结合，令铂金印相获得了某种意义上的重生。随着技术发展带来的便利，铂金印相成为更容易实现的艺术手法，因此，排除“贵”这个局限条件，摄影界、摄影人或多或少地在进行这种尝试。但是，当今影像界不可避免地出现影像泛滥的情况，大量无处安放的影像在数码时代没有了归属，这对于作为“冉冉之星”的铂金印相工艺是一个警示。目前，“我们还能为它的存在和发展做些什么”成了探讨当代和数字时代语境下铂金影像价值的一个大课题。

不可否认，到了数字时代，铂金印相数字底片的制作成了一种简单又机械的操作，让我们无从去判断现今铂金印相的影像感到底在哪里，难道它重生的原因仅仅是贵金属造成的贵气？无论是在拍摄题材方面还是对从技艺到艺术层面的追求，铂金印相一直都被高端化。或者我们本就不应该存有把它拉下神坛的心思。它确实适合在有一定高度的前提下在影像界发展。而为了获得保证，摄影界需要去给它一个既定的发展空间——一个小众的分享，一个大众的接受。

“小众的分享”简单地说是对数字化铂金印相制作进入市场传播媒介之前的一个探讨。在这个语境下，数字时代铂金印相的题材选择、影像尝试应该是多元化的。从 20 世纪的博物馆、画廊藏品来看，绝大多数的肖像、纪实类影像是在受到绘画艺术的风格影响下成为藏品的。在那个年代的理解中，铂金印相的起源就不在摄影的现代主义范畴内，所以摄影的机械性能与它关系不大，这样来算，这种工艺总是可以靠近艺术的。

因此，正如曾璜老师分析的那样：正在进入影像艺术领域的传统摄影人，需要走出现代主义和形式主义的框框，将精致的摄影技术技法与对社会评判内在地结合起来，在“后现代”的语境中，哲学和艺术地诠释和解读作品。这些要求无疑是小众的。

在传统摄影人的理解中，“大众的接受”容易被定义为“媒介影像”，无疑有着主题明确、打动人心等特点。但在整个摄影界痴迷于步入“当代艺术影像”的怪圈情境下，“大众的接受”显得很不入流，因为铂金印相的影像市场对大众这个平台的重视度远无法与艺术市场比肩。就像之前提到的，它一直是一个被高端化的艺术化产物。

面对这种需求与市场不对接的状况，我们也不能一味去否定当今影像界的这类尴尬存在。毕竟当代影像应该“来自当代生活、描述当代生活、反思当代生活”，这些需求脱离不了大众。从近两年的大型摄影展成果来看，铂金影像很好地从当代性着手，不平庸地接触“大众”的受众群。

其实，我们对于影像的发展分析大都源于不知道什么样的影像创作能够达到既符合影像市场又适合大众审美的要求。简而言之，就是不知道什么样的照片才适合使用铂金印相工艺。那么，我们不妨尝试从两者的需求着手，结合数码与当代元素，从而得到更多种影像的可能性。尽管铂金印相的数字化进程还有许多未解决的问题，例如由于“印相”的限制，目前的数字负片在尺寸上有一定的局限等。而当代，则更是一个很笼统的名词，大量影像是以实验的性质成为当代影像的，影像收藏界对此并没有明确的规范。

当然，“小众的分享”“大众的接受”之间的平衡也不是那么容易维持的。但是，摄影人、摄影界并不缺少摄影技术技巧，缺少的是面对世界、面对自我勇于判断的思想。影像的主流就是不断更新与尝试。我们应该如此。

产业发展

2017年印度电影产业发展分析

吴 桐 陈墨白*

摘 要： 印度是世界电影强国也是全球最大的电影生产国，全国每年生产并上映影片近2000部，印度电影不但出口量大，口碑出众，更是全球为数不多的可以依靠本土影片把好莱坞电影票房压制到10%以下的国家。电影产业为印度增加了很强的软实力指标，国际化的成功经验非常值得中国电影人借鉴和学习。另外印度也是全世界总观影人数最多的国家，庞大的人口基数、飞速增长的中产阶级数量以及浓郁的观影文化都将使印度成为未来全球最大的电影票房国之一。

关键词： 印度电影 宝莱坞 考莱坞 托莱坞

前 言

印度电影是世界电影产业的重要组成部分，2016年印度总统普拉纳布·慕克吉出访中国在北大演讲时，就曾经说过印度有两个引以为豪的产业：一个是软件业，另一个就是电影产业。印度电影作品年产量和国民总观影次数都常年位居世界第一，宝莱坞更是世界最大的电影生产基地。印度电影不仅是印度国民生活中最主要的娱乐方式，更是印度文化

* 吴桐，北京电影学院现代创意媒体学院教师，毕业于马来西亚林国荣创意科技大学国际影视贸易专业；陈墨白，青岛科技大学传播与动漫学院创意影像研发中心主任，马来西亚林国荣创意科技大学创意学博士，影视动画导演，参与制作影视动漫作品六十多部。

海外输出的重要手段。难能可贵的是，在完全自由竞争的背景下，在美国好莱坞电影占据某些国家国内市场90%以上份额、横扫全球的鼎盛时期，印度电影却能保持本国的票房非但不降，反而成为全球唯一美国电影占该国票房只有5%的国家。2017年印度已经成为仅次于美国的第二大电影出口国，通过电影对外展现了国家的软实力，这些都非常值得中国电影产业学习。

一　印度电影的生产

印度的国家组成结构极为特殊，是多民族的联邦制国家。作为国家最大民族的印度斯坦族人口也只占到全国总人口的46%，人口接近或者超过1亿人的民族有5个，使用人口超过100万人的语言达30多种，官方语言20多种，不同民族之间大多使用英语互相交流。正是如此复杂而分裂的环境，催生了印度群雄并起的电影产业。到2017年，印度以宝莱坞（Bollywood，印地语电影）、考莱坞（Kollywood，泰米尔语电影）、托莱坞（Tollywood，泰卢固语电影）为首的几大电影基地占据了全国电影总产量的95%，每个地区的电影风格都有很大区别，但都呈现蓬勃发展的景象。对于全球经济增长最快的新兴市场国家和大型经济体来讲，印度电影市场待发掘的商机依旧无限。

印度电影并不等于我们了解较多的宝莱坞（Bollywood）电影，除此之外，还有托莱坞（Tollywood）、考莱坞（Kollywood）等，各地区的语言体系和电影风格都有差异，受众体量也各不相同。其中宝莱坞位于北印度的孟买，是印度最大的电影生产基地，主说印地语，宝莱坞电影每年占全国票房的40%～50%，而其他的电影产业基地均位于南印度，其中考莱坞和托莱坞加起来也占全国票房的近45%。

（一）宝莱坞

宝莱坞是印度最大的电影产业基地，也是全球最大的影视产业中心之一，对好莱坞及其他外国电影市场都产生了一定的影响。孟买电影城坐落在孟买西北郊，占地约200公顷，可满足不同类型电影的拍摄需求。影城是印度政府于1977年为支持电影业发展而成立的一家大型国有公司。电影基地内设有近 20 个室内摄影棚或室外园区，供国内外电影公司租用。这里产业化程度、性价比高，本地团队专业性强，不过设施略旧，近年来逐步建设和翻新摄影棚。2017 年，这里因为设施齐全、价格低廉成为中国电影海外拍摄基地之一。

印度人对宝莱坞电影的喜爱是发自内心的。一部标准的宝莱坞影片必须要有三段以上华丽歌舞，片长三小时左右，一般是合家欢的结局。当然，如果再加上一些摆酷的、惊险的、脑洞大开的场面就更丰富了。久而久之，形成了一种标准化的宝莱坞电影体系，也被称为“马萨拉”电影。“马萨拉”是印地语中“混合香料”或“美味的大杂烩”的意思，“马萨拉”电影就是将爱情、动作、歌舞、喜剧元素和合家欢结局糅合在一起的大杂烩。“Bollywood”（宝莱坞）这个名称大约是 20 世纪 80 年代中期开始由媒体叫出来的。词本身是由“Bombay”（孟买）和美国电影产业中心“Hollywood”这两个词组合而成的。影城以印度电影之父巴尔吉的名字命名，影片以北印度文化为基础的印地语电影为主。如果仅计算电影生产数量和从业人员的总人数，宝莱坞毫无疑问是世界最大的电影生产基地和电影产业集群。印度三大国宝男星（三大汗）都是出自宝莱坞。长期以来印度电影市场被“三大汗”垄断，这些拥有典型白人长相的男神一直是宝莱坞不老的天王巨星，他们拍摄的每一步影片，几乎都牢牢占据了印度国内票房的前十位（见表 1）。尤其是为中国观众们所熟悉的阿米尔·汗，他的作品《三傻大闹宝莱坞》、《我的个神啊》以及《摔跤吧！爸爸》在中国市场上都获得了高口碑和高票房，也成为印度电影在海外的票房标杆，而萨尔曼·汗的电影《小萝莉的猴神大叔》也于 2018 年登陆中国市场。

表 1　印地语电影票房总量前十名

排名	影片名称	印度票房（亿卢布）	上映时间	放映银幕数（块）	主演
1	《摔跤吧！爸爸》	49.5	2016 年 12 月 23 日	4250	阿米尔·汗
2	《我的个神啊》	44.8	2014 年 12 月 19 日	3600	阿米尔·汗
3	《小萝莉的猴神大叔》	42.2	2015 年 7 月 17 日	4100	萨尔曼·汗
4	《摔跤之王》	41.8	2016 年 7 月 6 日	4350	萨尔曼·汗
5	《幻影车神 3》	34.9	2013 年 12 月 20 日	3650	阿米尔·汗

续表

排名	影片名称	印度票房（亿卢布）	上映时间	放映银幕数（块）	主演
6	《踢》	28.3	2014 年 7 月 25 日	3800	萨尔曼·汗
7	《金奈快车》	27.8	2013 年 8 月 8 日	3600	沙鲁克·汗
8	《三傻大闹宝莱坞》	27.4	2009 年 12 月 14 日	1750	阿米尔·汗
9	《遇上我的真命天子》	26.8	2015 年 11 月 12 日	4200	萨尔曼·汗
10	《印度超人 3》	23.7	2013 年 11 月 1 日	3500	赫里尼克·罗斯汉

资料来源：Frater Patrick，Bollywood Forecast to Grow 11% Annually，Report，2016 年 1 月 6 日，http://variety.com/2016/biz/asia/bollywood-forecast-to-grow-11-annually-report-1201673182。

（二）托莱坞（Tollywood）和考莱坞（Kollywood）

托莱坞（Tollywood）和考莱坞（Kollywood）从名字上来看是模仿宝莱坞的新电影基地，是南印度电影的代表，近年来发展迅猛，两个电影基地的总票房并不低于宝莱坞，尤其是近年来在海外市场呈现爆炸式增长。

南印度电影相比起宝莱坞电影，色彩更为绚丽，题材也更加丰富，动作也更为夸张，宗教色彩更浓厚，娱乐性更强，时间普遍更长，近年的科幻片也较为出彩。我们所看到的夸张的印度电影，大多是由南印度出品的。南印度是印度的软件中心，所以南印度电影也更擅长特效。宝莱坞拥有大量穆斯林演员而南印度电影却几乎为清一色的印度教徒。

托莱坞（Tollywood）位于泰卢固语区安得拉邦首府海得拉巴，而考莱坞（Kollywood）位于泰米尔语区泰米尔纳德邦首府金奈，无论是泰米尔语还是泰卢固语都属于达罗毗荼语的一种，达罗毗荼人与中国的客家人有些相似，属于雅利安人和穆斯林入侵后南迁移民的后代，对于传统文化的保留程度反而更高。虽然达罗毗荼语族人口加起来只有两亿多人，但作为独立文化的影响却是很大的。达罗毗荼人不仅被认为是四大文明古国古印度的创造者，更在印度洋地区和东南亚有为数众多的海外移民。深厚的文化积淀和海外影响力，成为南印度电影成功的基础。近年来海外票房很高的《巴霍巴利王》《机器人》等影片都是出自南印度电影。2017 年东南亚电影市场引进的印度电影中南印度电影数量首次超过宝莱坞，这标志着南印度电影的全面崛起时代已经到来。而在中国，不知其所以然的译者却把电影《机器人》翻译成了《宝莱坞机器人之恋》，这种错误说明中国人对南印度电影的了解还太少。

二　印度电影的市场

近年来印度电影市场无论在国内国外都保持着高速发展趋势，宝莱坞电影票房已经连续 10 年两位数增长，近些年的年均产量已超 1500 部（见图 1），大约是中国的一倍。印度电影市场没有像中国一样对外国电影有一定的限制，但本国电影的票房一直牢牢占据着票房市场的 90%，好莱坞电影更是被压制在 5% 左右。这与中国电影票房国产群狼对抗好莱坞大片的情况截然不同。

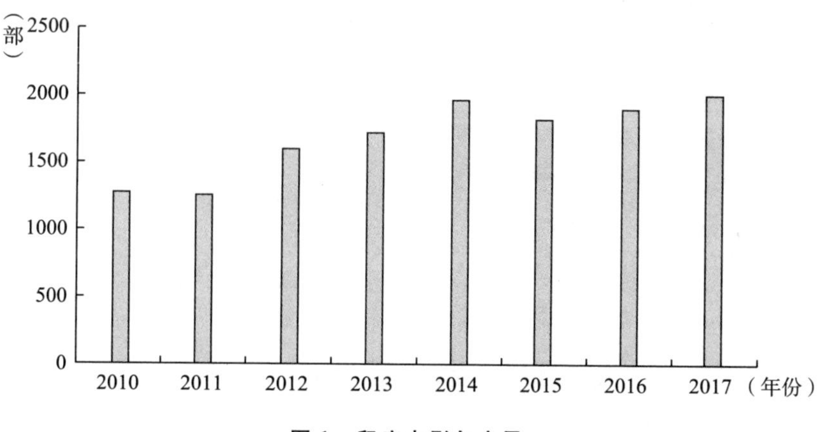

图 1　印度电影年产量

资料来源：Frater Patrick, Bollywood Forecast to Grow 11% Annually, Report, 2016 年 1 月 6 日，http://variety.com/2016/biz/asia/bollywood-forecast-to-grow-11-annually-report-1201673182。

（一）本国市场

早在 2012 年，印度电影业的价值就达到 1224 亿卢比（约合 130 亿元）。衡量电影产业健康与否的重要指标就是投资回报率，它是根据电影在其生产和营销成本上获得的价值比例来计算的。2013 年发行的浪漫音乐剧“*Aashiqui 2*”作为 1990 年音乐剧“*Aashiqui*”的续集，票房收入是其原始成本的6.12倍，投资回报率非常惊人。另一部2013年表现不错的电影是浪漫喜剧“*Ye Ja Jalanni Hai Deewani*”，票房收入是其原始成本的3.22倍。由此可见，印度电影产业的健康度是很高的。国内票房是衡量电影业表现的另一种方式。早在2009年，印度国内票房收入就达658亿卢比，2018年增长到惊人的1589亿卢比。印度的广告产业也非常发达，并且在电影广告方面投入巨资。2006年，印度的电影广告支出达1700万美元，到2015年，电影广告支出达到约4300万美元，而2017年数字达约7000万美元。2017年印度印地语电影票房排名如图2所示。

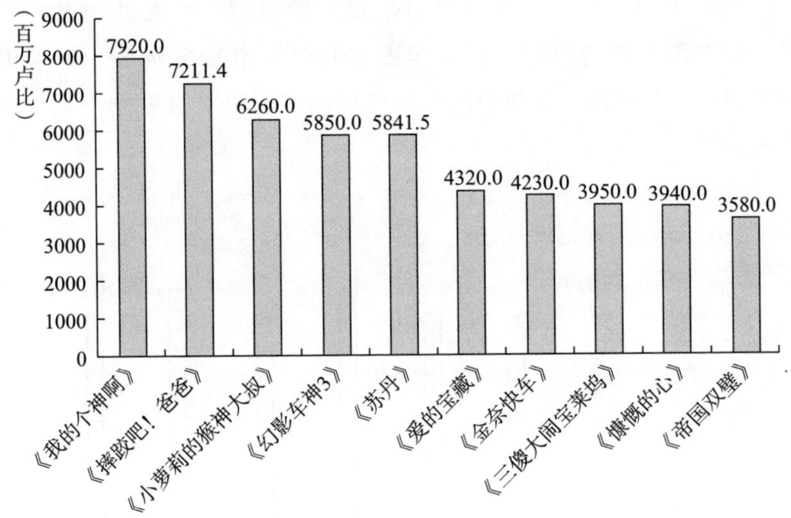

图2　2017年印度印地语电影票房排名

资料来源：Frater Patrick, Bollywood Forecast to Grow 11% Annually, Report, 2016年1月6日，http://variety.com/2016/biz/asia/bollywood-forecast-to-grow-11-annually-report-1201673182。

印度全民观影氛围热烈，人均观影次数超过中国一倍，观影总人数世界第一。由于总体收入水平较低，票房总数稍微靠后（2017年印度电影平均票价只有5元），但随着印度国家经济的快速崛起，在今后的日子中完全有可能超越中国和北美票房，成为世界第一大票房市场。此外，在观众数量众多的小城市和农村，传统的、单一功能的老式影院仍然很多，而新兴的购物中心、新电影院的相继建设和越来越多高收入人群的增加，将加速这一进度。

图 3 显示了 2007 年至 2017 年印度电影业的价值，并提供了到 2021 年的价值预测，2021 年印度电影总票房将接近北美票房的一半，增长势头明显高于中国。

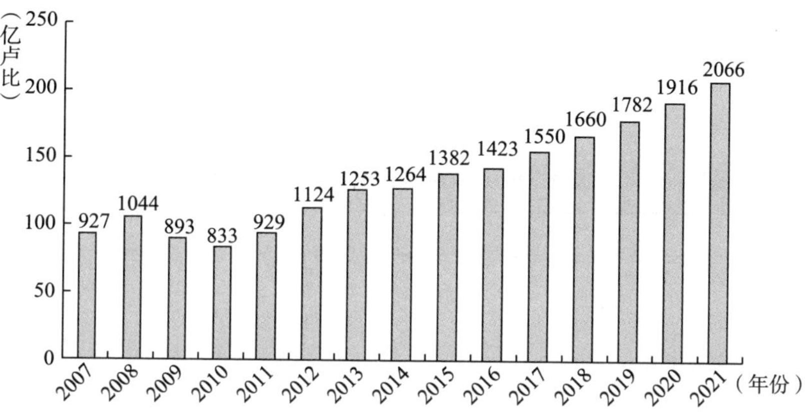

图 3 2007～2021 年印度电影产业价值变化及预测

资料来源：Frater Patrick，Bollywood Forecast to Grow 11% Annually，Report，2016 年 1 月 6 日，http://variety.com/2016/biz/asia/bollywood-forecast-to-grow-11-annually-report-1201673182。

（二）国际市场

影视产业的对外输出是一个国家软实力强大的象征之一，全球除了日本动画、韩国 K-POP、美国好莱坞大片这样的文化输出，印度的电影同样也不容小觑。目前印度的电影全球出口量仅次于美国，并且印度电影在北美和英国的票房都一直高居进口片第一。印度海外票房能够达到本土票房的 10%～13%，是中国的 1 倍以上。

印度电影的文化输出能力强大，宝莱坞梦工厂俨然已经成为全世界仅次于好莱坞的第二大电影品牌。宝莱坞电影有着强大的文化统治力，并在 20 世纪就已走出南亚，在印度裔众多的卡塔尔、阿联酋、马来西亚、毛里求斯、苏里南、新加坡、英国、美国加州等地大放异彩，受众人口超过 20 亿人（其中，印度 13.5 亿人，巴基斯坦 2 亿人，孟加拉国 1.6 亿人），接近世界人口的 30%。

近年来，印度电影销往海外几乎所有的主要国家。人数众多的印度籍海外移民和良好的英语思维环境是印度电影在海外市场成功的关键原因。

以泰米尔人为主体的商人和以北印度人、孟加拉人为主体的外劳等南亚海外移民是印度电影的拥趸，全球总人数超过5000万人。美国最大的万达院线也瞄准了不断增长的印度裔人群，仅2015年上映的印度电影就接近100部。2016年北美外语片前十名中有6部印度电影（见表2），票房过百万美元的外语片电影中印度电影有近30部，而中国电影只有3部，仅是印度电影的1/10。

表2 2016年北美外语片票房前十名

排名	影片名称	国家	票房（万美元）
1	《摔跤吧！爸爸》	印度	1239
2	《学校整蛊联盟》	西班牙	1153
3	《卷土重来》	印度	620
4	《暗流》	印度	459
5	《心碎的感觉》	印度	427
6	《一个叫欧维的男人决定去死》	瑞典	334
7	《美人鱼》	中国	323
8	《叶问3》	中国	268
9	《卡普尔家的儿子们》	印度	266
10	《亲爱的生活》	印度	245

资料来源：Box Office Mojo（http://www.boxofficemojo.com/）。

印度电影在中国的票房也是大步向前，早在1971年，中国引进了印度歌舞电影《大篷车》，比1993年第一部好莱坞引进片《亡命天涯》早22年。但由于中国电影发行政策、国际关系等，印度电影渐渐淡出中国银幕，直到2008年，印度与英国合拍的《贫民窟的百万富翁》获得了奥斯卡最佳外语片奖，印度电影才重新回到中国观众的视野。此前印度电影在中国创造的最高票房是《我的个神啊》的1.2亿元，而2017年《摔跤吧！爸爸》总票房超过12亿元（见图4）。从2017年开始印度电影的引进量也从早些年的每年1部增长到每年5部。对于有进口片限额的中国市场来讲，这是一个不小的突破。毫无疑问中国已经成为印度电影海外传播的一个巨大市场。

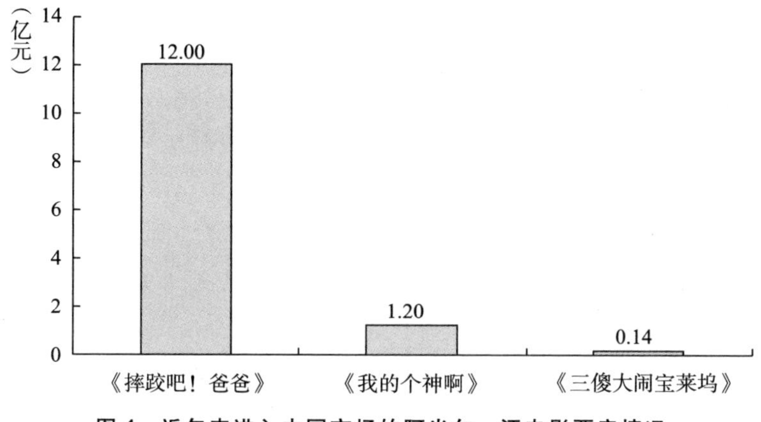

图 4 近年来进入中国市场的阿米尔·汗电影票房情况

三 印度电影的新特点

由于特殊的社会环境，印度观众在观看电影时有着与其他国家差别很大的规矩和要求，比如超长的时间、中场休息、大量的歌舞、唱国歌等，这些规矩和特点也从另一方面让我们更深入地了解这个国家。

（一）增加放映前奏国歌环节

2017 年印度电影最大的变化就是放映前增加了奏国歌环节。印度政府 2016 年底宣布，国内电影院在放映电影前必须先奏印度国歌，屏幕要出现国旗画面，全体人员起立，整个过程庄重严肃。印度是多文化、多民族、多语言的国家，之前不同民族对统一的国家概念理解还有欠缺，此举可以有效地团结国民，形成莫迪总理推崇的不同民族同一个印度的观念。

（二）时间超长

印度电影片长一般为 3 个小时，2017 年印度国内电影平均时长超过 160 分钟。电影大约播放一个半小时后会进行 15 分钟的中场休息，这种时长构成使凉爽的电影院成为这个气候炎热国家的居民最好的休闲去处之一。

（三）分级制度

印度中央电影审查委员会（CBFC），隶属于印度中央政府广播与信息部，由于审查制度过于严格，中央电影审查委员会被认为是世界上最有权力的电影审查机构之一。在印度，许多电影为了获得 CBFC 的牌照而不得不大范围删减电影内容，但仍有一些电影因未能获得播放牌照而无缘上映。印度电影采取分级制度。共有四级，原先只有无限制级和 18 + 级，1983 年加入 12 + 级和限制级。

无限制级（U 级）：无限制，老少咸宜，影片可以包含喜剧性的暴力动作和轻微的脏话；在中国口碑很好的电影《三傻大闹宝莱坞》就属于 U 级影片。

12 + 级（UA 级）：适宜所有人群，影片可能包括少量、轻微的涉及性、暴力、脏话的场景，建议 12 岁以下儿童在家长陪伴下观看；阿米尔·汗的电影《未知死亡》就是印度电影历史上第一部因为暴力过度，被评为 UA 级的电影。

18 + 级（A 级）：成人级，18 岁以下禁止观看；多为大量裸戏的故事类电影，如《欲体焚情》。

限制级：仅限特殊人群观看。

印度电影的审查严格不仅针对国内电影，还会对在印度上映的海外电影进行删减，2017 年《速度与激情 8》在印度上映时，低机位拍摄穿超短裙的女性及女性扭动臀部的镜头均遭删减。2015 年《007：幽灵党》在印度上映时，也因“吻戏过多”被删减。印度中央电影审查委员会也曾因给特定电影颁发 U 级牌照而陷入受贿丑闻风波。2014 年，中央电影审查委员会的委员卡什·库马尔被逮捕，逮捕他是因为他接受贿赂而快速通过了某区域电影的审查，并且他还收取宝莱坞制片商的钱帮助其电影获得更好的评级，因为 U 级的电影就意味着更多的观众。2016 年印度国内电影分级情况如图 5 所示。

（四）电影节及奖项

印度是世界上电影节最多的国家。印度每年举办各类国际电影节数十次，国内电影节更达近百次。大部分邦有自己的国际电影节，但规模不大，影响有限。在印度，比较有影响的国际电影节有三个：亚洲最早的 A 类国际电影节印度国际电影节（International Film Festival of India），以纪录片、短片和动画片为主的孟买国际电影节（Mumbai International Film Festival），

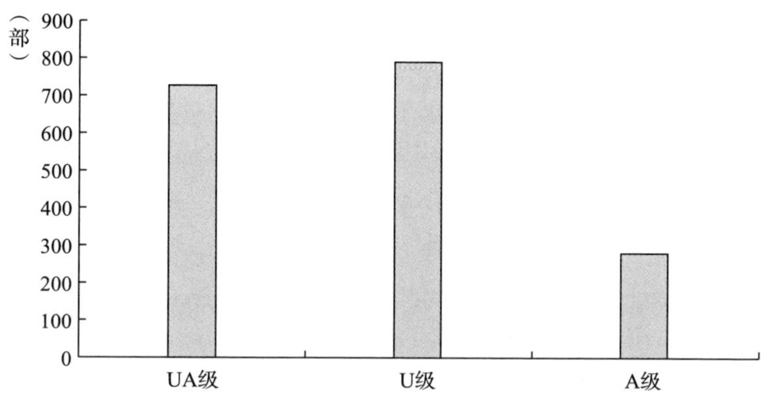

图 5　2016 年印度国内电影分级情况

注：限制级电影数量暂无数据。

以及每两年一届的印度国际儿童电影节。

自 2004 年起，印度国际电影节（IFFI）举办地从德里转至果阿。2017 年 11 月，果阿迎来了第 48 届印度国际电影节（IFFI）。当 1952 年首届印度国际电影节开幕的时候，共有来自 23 个国家和地区的 200 部作品入围，而本次电影节全球参赛国家和地区首次突破 100 个，入围数量达到 400 部，作品无论是从数量还是质量上都有较大进步，也反映了印度电影最近迅猛的发展势头。第 48 届印度国际电影节获奖名单如表 3 所示。

表 3　第 48 届印度国际电影节获奖名单

奖项	获奖者	获奖影片
最佳电影	罗宾・坎皮	《每分钟 120 击》
最佳导演	文晏	《嘉年华》
最佳男演员	纳韦尔・佩雷斯	《每一分钟》
最佳女演员	帕瓦西	《起飞》
印度电影人格奖年度大奖	阿米特巴・巴强	
终身成就奖	艾腾・伊格言	
导演奖最佳处女作	基罗・鲁索	《黑暗头骨》
ICFT 联合国教科文组织甘地奖章		《地平线》
特别陪审团奖		《起飞》

四 印度电影的未来

2018 年 1 月，印度电影《神秘巨星》在中国上映两天票房就过亿元，国内观众惊讶地发现，原来印度电影早已不是自己印象中的样子，日益丰富的故事题材和影片类型，以及对于现实生活的强烈观照，都成为新时期印度电影的突出特质。2017 年印度电影总体表现抢眼，已经成为印度国家文化的一部分，而且随着其国家经济的发展大步迈向国际化，越来越多的印度电影为全球观众所喜爱，这种国际化的方向，也将是中国电影人学习的榜样和努力的方向。

参考文献

Frater Patrick, Bollywood Forecast to Grow 11% Annually, Report, 2016 年 1 月 6 日，http://variety.com/2016/biz/asia/bollywood-forecast-to-grow-11-annually-report-1201673182/（访问日期：2018 年 1 月 2 日）。

Haribabu Bolineni, Hits and Flops of 2017 in Tollywood, 2017 年 10 月 30 日，https://www.chitramala.in/hits-flop-2017-Tollywood-254217.html（访问日期：2018 年 1 月 2 日）。

Hogan Colm Patrick, *Understanding Indian Movies: Culture, Cognition, and Cinematic Imagination*, Pressof Texas University, U. S. A: University of Texas Press.

Scaria George Arul, *Piracy in the Indian Film Industry: Copyright and Cultural Consonance*, Press University Cambridge, UK: Cambridge University Press.

Statista, Film Industry in India-Statistics & Facts, 2017 年 12 月 31 日，https://www.statista.com/topics/2140/film-industry-in-india/（访问日期：2018 年 1 月 7 日）。

青岛影视文化产业现状及发展对策*

周汝萍**

摘　要： 青岛影视文化产业发展面临千载难逢的大好机遇。青岛有得天独厚的自然禀赋、丰富的影视文化沉淀及人文资源积累，近年来政府支持力度加大，以国际视野频出大手笔，硬件设施逐渐完备，2017 年又荣获“电影之都”称谓。青岛影视文化产业发展也存在影视专业人才短缺、影视制作水平不高、媒体宣传平台薄弱、文化输出不足等制约因素。与青岛相近的韩国釜山在影视文化产业发展上取得了很多成功经验，值得青岛借鉴。在当前全球文化背景下，青岛实现“影视之城”的崛起需进一步开放国际视野，更新传统观念，加强政府引导，加大宣传力度，重视人才建设，打造本土影视精品。

关键词： 青岛　影视文化　影视产业　产业链

近年来，中国影视产业发展迅猛，以电影产业为例，从 2012 年院线制成立至今，国内电影票房和观影人次年均增长率超过 26%，发展速度之快放眼全球绝无仅有。影视文化产业作为城市文化产业的先导，其发展对于提升城市文化层次、旅游开发、土地增值、区域品质等都具有重要战略意义。

2017 年底青岛争当中国第一个“电影之都”的梦想成真，为青岛影视文化的产业发展注入了一剂强心针。作为一座具有百年影视历史的城市，

---

* 本文系 2014 年度青岛市社会科学规划项目（QDSKL1401070）研究成果。

** 周汝萍，青岛理工大学人文与外国语学院副教授，青岛市影视文化研究会会长，主要研究方向：影视文化。

青岛有着得天独厚的自然禀赋、丰富的影视文化沉淀及人文资源积累，在中国影视行业占据重要地位，未来必将会在影视文化产业之路上继续前行。

与青岛相近的韩国釜山早在2014年12月就获得“电影之都”殊荣，其影视文化产业发展迅猛，值得借鉴。本文择例比较釜山发展影视文化产业的状况，从自然、历史、文化、政策、经济等多角度探究青岛影视文化产业发展的优劣势，对青岛影视生态和发展前景进行分析，为青岛影视文化建设寻求更好的思路。

一 机遇与挑战：青岛影视文化产业之现状

（一）青岛发展影视文化产业利好多多

1. 环境适宜，自然禀赋得天独厚

红瓦绿树，黄墙碧海……素享“东方瑞士”之美誉的青岛，环境优美，山海相拥，风光旖旎，发展影视文化产业有先天优势。平日的青岛天空清透，晴朗时蓝天白云分明，拍摄出的画面效果好，能有效缩短拍摄周期，节约拍摄成本，天然“影棚”俯拾皆是，自然条件与韩国釜山乃至好莱坞所在的美国洛杉矶、电影盛典戛纳电影节举办地法国戛纳等国际影视名城相比，毫不逊色。青岛位于中国山东半岛，地理位置优越——毗邻日韩等发达国家，背靠中原的广阔腹地，市场前景广阔。青岛四季分明，气候宜人，来青岛的剧组拍摄工作往往非常顺利，对青岛的气候都赞不绝口。网友们戏称：夏天的青岛永远20摄氏度。在冬天，海洋又为青岛带来了更多湿气抵御冬日的干燥，拍摄环境十分舒适。

除此之外，自然风光与异国风情建筑、本土的里院等建筑交相辉映，使青岛具有“碧海蓝天，红瓦绿树”的独特魅力。八大关等特色建筑景观为青岛这座城市增添了许多韵味，也为青岛影视文化发展提供了有利条件。近代青岛的殖民历史也丰富了影视产业的文化内涵。

1897年，德国向胶州湾发动侵略战争，除了战火和入侵以外，德国还给青岛带来了胶州旅馆等特色建筑。华丽立面形象的胶州旅馆，以德国古典复兴样式为主要造型，同时融合欧洲折中主义建筑风格，黄渤主演的电视剧《青岛往事》便在胶州旅馆及青岛中山路周边等地取景。电视剧《宋

庆龄和她的姊妹们》剧情有表现宋氏姊妹在美国生活的场面，在经费限制和场景需求的多重考虑下，导演想到了青岛的“八大关”，选中了具有欧洲中世纪风格的花石楼。就地取材安置成宋庆龄姊妹们的“美国之家”，以假乱真大获成功，还节约了经费。除了胶州旅馆、青岛火车站、花石楼等极具盛名的取景地，青岛的大街小巷、城堡小屋皆备受影视拍摄者喜爱。

既有地理位置优越、自然风光优美、气候适宜等先天优势，又有异国风情的建筑，这为青岛发展影视文化产业带来利好多多。青岛这座城市天生便是影视文化产业的温床，得天独厚的优势助力青岛在发展影视文化的路上越走越远。

2．声名远播，影视渊源历史久远

从 1898 年青岛与影视“一见钟情”起，至今已有 2000 多部影视剧中出现了青岛风景。曾经对青岛和电影有过精心研究的岛城文史专家鲁海表示，中国第一批经典电影如《劫后桃花》和《风云儿女》等，20 世纪 30 年代就最早到青岛取景。一直到今天，无数影视剧组来青岛拍摄，络绎不绝，如《到自然去》《浪淘沙》《青春之歌》《海魂》《冰上姐妹》《疯狂的代价》《手机》《首席执行官》《军人机密》《马向阳下乡记》《长城》《环太平洋 2》等，近年来既叫好又叫座的《海洋天堂》《精武门 2》《硬汉》等系列作品都有青岛的烙印。据统计，每年来青岛拍摄的影视片超过 200 部，国产剧的 1/3 来青岛拍过美景。

青岛是中国最早公开售票放映电影的城市，放映地点是湖北路 17 号，即当年的德国水兵俱乐部——中国现存最早的商用电影院。在其他中国城市的居民能看到电影前，德国人在青岛卖票放映电影让青岛人民率先拥有了享受观影乐趣的机会。1907 年 8 月 9 日青岛的报纸上登有放映电影的广告，预售票价 25 分（注：在青岛流通的墨西哥元），现购 30 分。德国水兵俱乐部这一德式老建筑于 2016 年被成功改建成“1907 光影俱乐部”，2017 年 5 月又变身为“1907 青岛电影博物馆”闪亮登场，这座博物馆作为青岛影视文化产业的重要基地成为青岛电影人的豪华客厅。

青岛这座与影视密不可分的城市还走出了许多深受观众喜爱、实力较强的演员，如崔嵬、唐国强、黄晓明、宋佳、黄渤、倪萍、林永健、夏雨、陈好、王艳、梁爱琪等等，不胜枚举。影帝黄渤和当红明星黄晓明两位青岛出生的影视人，常常被问及是否会考虑投资青岛发展影视文化，两位明确地回答一定会对青岛影视投资，让影视之花在家乡沃土上绽放，凭借其自身影响力、说服力和庞大的粉丝群体，许多原本对影视文化产业投资摇摆不定的人坚定了信心。同样，很多知名编剧与青岛关系匪浅。比如《敢想敢做的人》编剧王命夫曾奉调至青岛话剧团，电影《午夜惊魂》编剧李云良为青岛籍，《渔岛怒潮》编剧姜树茂曾担任青岛市文联主席，《布谷催春》编剧尤凤伟、《喜盈门》编剧辛显令等都曾在青岛任职或常年定居。还有大量导演和影视界名人出自青岛，如潘霞、任豪、韩兰芳、丁晟、赵保乐、王小骞等，被誉为“中国电影音乐一代宗师”的王云阶也出自青岛。在现如今这个粉丝文化风行、影迷用户对影视产业促进作用极强的时代里，青岛出生、生活的大量影视明星、名人的出现成为青岛市发展影视文化产业得天独厚的条件。不仅如此，明星的家庭所在地、明星成长的学校，甚至明星经常光顾的商店、坐过的公交车等等，都因为明星的曾经在场，对影迷极具吸引力，其影视旅游资源不可低估。

依崂山傍黄海，青岛受齐鲁文化滋养哺育，既传承了齐鲁大地的古文明又不乏开放进取之时代精神，海纳百川，具有包容性，从文化层面也非常适合影视文化产业的扎根开花结果。无论是自然资源还是人文资源，青岛发展影视文化产业历史久远，根基雄厚。

3．政策支持，提出“文化青岛”口号

政府政策支持是强有力的保证。2013 年底，青岛市委正式提出“文化青岛”的口号，2014 年青岛市亿元以上文化娱乐业项目即达 31 个。紧接着又提出打造“影视之城”的目标，出台一系列相关政策大力支持影视文化产业发展，如《关于促进影视产业发展的若干意见》（2015 年 1 月起施行）、《青岛西海岸新区（黄岛区）影视产业发展规划》等，凸显强大聚集效应及后发优势。

青岛市政府对与青岛有关的影视项目进行了解审查后，针对其投资价值、作品质量、注册地等方面，具体问题具体对待，或直接投资，或辅助补贴，或减免税收（对于注册在影视文化产业园的影视公司，提供税收减免等优惠政策），这些举措在国内尚属首例。吸收国际先进影视基地的成功经验，政府与万达集团共同设立青岛影视产业发展基金并专款专用，补贴符合标准的优秀影视作品最高 40% 的制作成本，以达到吸引国内外优秀剧组入驻的目的。在政府政策的助力下，青岛影视文化产业从创意到制作一条产业链正在逐渐形成。

青岛被评为“电影之都”后，张江汀书记立即批示：“要抓住新机遇，展现新作为，着力打造文化强市，推进影视文化产业跨越发展，为把城市建设得更加富有活力、更加时尚美丽、更加独具魅力提供有力的文化支撑。”孟凡利市长也指出：要“深入细致地研究我市影视产业的具体工作，尤其是要有一批企业诞生、一批项目落地。行业的主营业务收入每年有较大的提升，经过几年之后让人民深切感受到‘电影之都’的产业规模和相应的经济效应”。在市委、市政府的大力支持、强力推进下，青岛在发展影视文化产业的同时拓展惠及民生的公共文化服务，实现全民共享“电影之都”文化发展成果，全民投身“影视之都”建设，与此同时，促进影视制作、发行、放映等产业全链条发展，全力建设电影产业基地。

图 1 为 2012 ~2017 年山东省主要城市电影市场发展情况数据分析对比，表 1 为 2012 ~2017 年青岛电影市场规模变化情况，显示了青岛电影市场发展规模不断扩大，并且连年在山东省内处于领先地位。从中可以看出政府政策支持的显著效果。

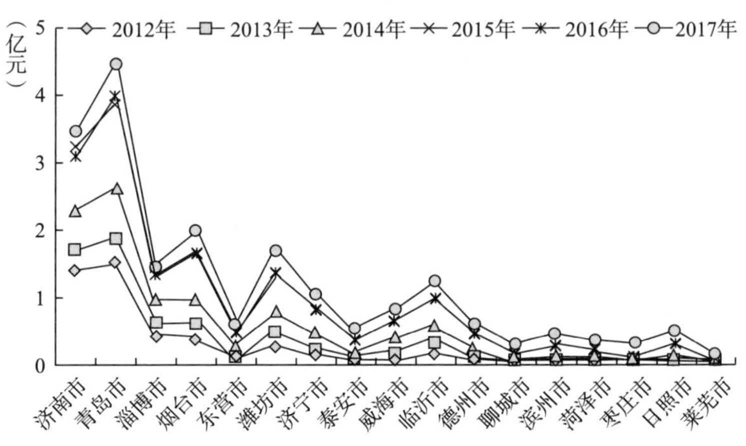

图 1　2012 ~2017 年山东省主要城市电影市场发展情况对比

表 1　2012 ~2017 年青岛电影市场规模变化

年份	票房（万元）	场次（万场）	人次（万人次）	排座（万个）	服务费（万元）
2012	15381. 11	31. 14	479. 33	4380. 71	0
2013	19358. 20	40. 19	590. 91	5682. 52	0

续表

年份	票房（万元）	场次（万场）	人次（万人次）	排座（万个）	服务费（万元）
2014	27139.96	48.32	776.73	6756.46	0
2015	39907.65	56.43	1176.92	8030.30	0
2016	40663.48	65.62	1299.40	9712.67	0
2017	45872.15	72.16	1416.75	10417.39	2908.14

注：截止日期为 2017 年 11 月 24 日。

资料来源：中国票房（http://cbooo.cn/）。

4. 国际视野，硬件设施逐渐完备

2014 年 10 月 8 日，银润传媒以及博纳视界等九家国内外影视制作公司首批签约入驻青岛影视文化产业园。截至目前，已有几十家影视公司进驻并获得营业执照，开始正式运营。这些国内国际影视大鳄、著名影视制作商或专业水准发行商的荟萃，势必带来有助于青岛市影视文化产业发展的丰富经验，增强青岛市影视文化产业的方向感、开拓性、凝聚力，产生巨大影响力。

从图 2 可知，截至目前，青岛市内共有 20 家院线、73 家影院，拥有 DMAX 银幕 1 个、IMAX 银幕 4 个、3D 银幕 358 个、银幕 473 个，能够容纳 66393 人同时观影。

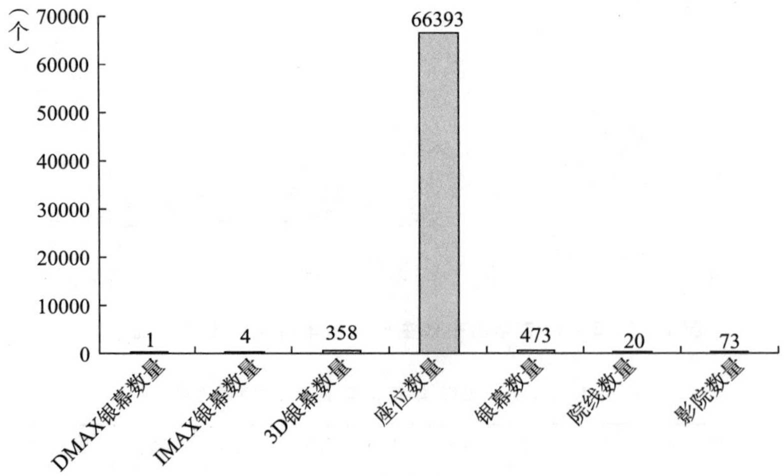

图 2　青岛院线情报统计

注：截止日期为 2017 年 9 月 30 日。

资料来源：中国票房（http://cbooo.cn/）。

国际性的影视制作公司也为青岛带来了国际化的影视发展视野。多家优秀企业扎堆，也促进强强联合、强强竞争，青岛影视文化产业由此可以迸发更多活力，而企业在竞争与合作的同时相互学习和借鉴，也使得影视制作技术和管理经验上升到一个新的高度。优秀的影视制作团队坐镇青岛，也为青岛影视文化产业加码，使其不仅在影视作品拍摄方面拥有得天独厚的自然条件，更在影视投融资、影视项目研发、影视拍摄制作、影视演艺经纪、影视职业培训、影视营销发行、影视会展国际交易等方面形成了一条完整的产业链条。

青岛市文化娱乐主要板块之万达东方影都产业园近年来得到高速推进，为高端服务业发展增添了强劲动力。青岛东方影都位于国家级西海岸新区核心区位，已建成规模超大的影视文化产业园，是中国目前唯一达到国际标准的影视制作基地。东方影都计划总投资500亿元，占地广、建筑多，上中下游影视文化产业一条龙。产业园内有各种规模摄影棚30个，其中的10000平方米的摄影棚是目前世界最大的，此外，还有8833平方米的水下制作区，以及世界上最先进的室外拍摄水池和室内恒温水下摄影棚。以3000平方米棚为例，只要关闭声闸大门，棚内静音能达到NR-25标准，这是国际最先进的摄影棚才能达到的效果。还有24个置景车间及后期制作中心、研发中心，以及可供大型电影节使用的亚洲规模最大的电影城，等等。

不仅有企业高端技术支持，还有其他方面的配套跟进，如北京电影学院现代创意媒体学院、上海戏剧学院艺术学校等在青岛西海岸新区设立。影视艺术类高校与专业教学的逐渐增多，为青岛影视文化产业的发展储存和培养了大量的后备人才，形成青岛地区独有的人文资源。此外，还有青岛三十九中这样的艺术学校，多年来一直被誉为“明星的摇篮”。

（二）青岛发展影视文化产业不利因素

青岛发展影视文化产业也有一些劣势，这里只简单列举几点明显的不足。

1. “青岛创造”少精品，影视制作人才短缺

尽管在青岛拍摄过的影视剧数不胜数，但大多是把青岛当作外景地，剧组拍完一些镜头就走。全盘由青岛本土制作的影视作品不多，其中响当当的影视精品更是少之又少，几近于无。青岛籍的影视名演员不胜枚举，但在青岛当地被捧红的并不多，他（她）们往往是离开故乡后才因出演影视剧而出名。在影视制作方面，北京、上海、广州、金华横店等地甚至山东某些地区，都走在了青岛前面。这反映出青岛影视制作人才短缺，虽有引进人才的基金扶持政策，但实际操作过程中众人纷纷反映落地难，有些青岛本地的影视公司甚至想去外地影视基地投资拍剧，只因那里更能简捷直接地享受到实打实的优惠，这类现象必须引起重视。

大型制作公司的进驻对影视人才提出了更加严格的要求，青岛市目前在专业技能、影视创作等方面尚存创意和技术的双重“短板”。全球文化背景下，青岛市的文化创意产业从业人员占全市从业人员的5.3%，远低于纽约的12%、伦敦的14%、东京的15%。与国内一般城市相比也较低，比如长沙市是7.2%，宁波市虽不高也达到了6%。

青岛市影视创意人才特别是影视高端原创人才匮乏，这是摆在我们面前的比较突出的问题。创意人才普遍性地专业化程度不够高，“从业人员素质低，专业人才数量不足、结构失衡，尤其是缺乏创意设计、动漫设计、演艺策划、编剧、编导等高端文化创意产业人才”。其主要原因是人才培养及其引进机制滞后，没能与时俱进突破单纯“制造业”的局限。

2. 本土媒体与影视文化产业宣传需求的断层

青岛本土的媒体以电视、广播和报纸等为主。青岛电视台现拥有六个频道，并覆盖全市，但是青岛电视广播媒体在覆盖范围上，并不能与青岛影视文化产业的全球视野齐头并进。此外，青岛没有出名的本土杂志，《半岛都市报》虽然是山东半岛最大的报刊，但是仍然不能满足影视业发展的宣传需求。这也使得青岛影视文化产业在完成了创意、拍摄、制作之后，仍需在宣传上借助北上广以及其他主流媒体来进行宣传。在2014年经济数据大调查中，青岛市跻身全国二线城市行列，但青岛市媒体平台窄小，本土媒体影响力辐射范围极其有限，与文化青岛的大格局构建不相适应。

3. 民间投资盲目跟风，缺乏引导

伴随影像时代的到来，全球影视文化产业都在蓬勃兴起或迅速发展壮大，我国的影视文化市场更是不甘人后，影视文化产业各路投资商这些年来如雨后春笋般出现。影视文化产业是富矿、潜力股，比传统行业的利润高许多，有人统计高出20%～30%。投资一部40集的电视剧，赚取两三千万的利润并不是什么难事。影视文化市场催生出令其他产业望尘莫及的影视黄金行业，自然也吸引到青岛的企业家纷纷投身影视文化产业大潮。毋庸置疑，民间资本的注入增强了青岛市影视文化产业的活力，开阔了青岛本土商人的视野，提升了其文化高度，但是也必须清醒地意识到，民间投资有严重的盲目跟风之嫌。缺乏专业引导及对影视市场的了解，从传统实业临阵转行的投资商们有时盲目地扎堆竞争，大笔资金投入某部影视作品到头来连成本也收不回来的现象并不罕见。

二　青岛发展影视文化产业的几点建议

（一）既需政府引导，又不能一味“等靠要”

影视文化产业的发展不是单纯的经济问题，在其发展过程中，政府扮演的角色相当重要。青岛连续几届政府及其相关政策对发展青岛市影视文化产业是重视的，领导部门的重视也是其进一步发展的前提。除了出台更多福利政策、完善管理机构制度以外，为影视文化发展设立独立的部门也不失为良方。在政府的支持引导下，青岛将进一步打开国际市场，完善产业链，加大对影视文化产业的资金支持以及制度管理，在审查上张弛有度，在审批上高效便捷，既保证投资人的投资热情，也能保证每一位影视文化产业从业人员的创作热情。政府正面的政策支持、机制管理对影视文化产业的良性运营有重要意义，民间资本投入影视产业也急需政府的正确引导。任由民间资本一窝蜂盲目上，势必影响青岛市影视文化产业的可持续发展。

然而，影视文化产业不仅仅是一项“文化”产业，如果发展仅仅依靠政府和国家的扶持，而不思进取，那既没有发展活力也没有前进的动力。观念一变天地宽，不要提起“文化”就等同于公家的“事业”，一味地“等靠要”，习惯性地向国家索取。青岛市影视文化产业的发展，需要置身于市场经济的大背景中，在市场里摸爬滚打获取良性循环。更新观念，思路要开放，不可僵化。

（二）扩大宣传，重视人才，打造本土影视精品

既然已经认识到青岛市影视文化产业发展面临人才缺乏的大难题，那就要想方设法突破问题、解决问题。首先，软件建设不容忽视，加强软件

建设，并大力培养、积极引进影视专业人才。青岛市政府及相关部门应充分认识到影视高专人才的重要性，在政策上继续大力支持，各项服务举措进一步完善，形成良好的人才流动大环境。要继续依托青岛市已有的影视方面的优势，充分挖掘青岛市影视院校的潜力，调动专业团体的人才培养积极性，建立健全影视产业人才培养机制（比如影视企业内部的培训等）。加强本地专业人才的培育产出，善于发现、挖掘本地人才，同时主动“走出去”，大胆“引进来”，立足青岛面向全国乃至全球招徕影视人才。

培养人才，招徕人才，留住人才，以精品意识打造本土影视制作，皆离不开加强宣传声势及宣传力度。乘“电影之都”申办成功之东风，进一步扩展宣传平台，重视宣传环节的巨大作用，建设大型的媒体互动平台，吸引各大媒体进驻青岛，扩大媒体受众面及影响力，使青岛的影视文化产业发展更上一层楼。时代在变革，诸如微信公众号等新媒体的影响力与日俱增，青岛亦需与时俱进加强新媒体研发及运用。精品需要“工匠”，“工匠”需要宣传，方方面面的影视人才，需要肥沃的影视文化宣传土壤。

简言之，青岛必须要通过制作精品的影视剧，打造精品影视文化，积极丰富影视衍生产业链，促进影视文化全产业发展，实现特许经营的影视文化衍生品、影视地产、专业影视知识培训经验指导、配套餐饮酒店业等服务行业、艺术空间、时尚奢侈品、互动体验式影视园区等创意业态的完美融合，让专业人员与大众共享创意成果。发展“西海岸模式”，打造全景式、全域化拍摄环境，加强和国内外先进影视机构的全方位合作，打造青岛西海岸新区国际化影视品牌形象。进一步引进影视先进技术，软件硬件一齐抓，实现数字化、集聚化、差异化发展，培养青岛影视文化龙头企业，强化竞争力与创造性，制作出更多具备市场竞争力的青岛产出的影视精品。

（三）优化青岛影视形象，加强文化输出

文化软实力建设越来越受到认可，在全球范围内，文化软实力成为国家实力的一个重要衡量指标。文化产业的兴盛与否代表综合国力强大与否，在此基础上，文化立国乃大势所趋。输出文化，能有效扩大国家的国际影响力，提高本土文化的国际地位。国家如此，城市亦然，影视文化输出有助于城市形象的塑造。

很多在青岛拍摄的影视作品，或通过人物形象的塑造或凭借历史故事

的回溯，塑造了良好的青岛形象。如《宋庆龄和她的姊妹们》突出表现了宋庆龄坚持信仰，并坚毅执着追求信仰的崇高品格，作品对于宋美龄、宋霭龄和宋子文等其他历史人物也给予了客观评价和艺术再现，艺术价值和历史价值极高。由影帝刘烨主演，2008 年上映的影视作品《硬汉》讲述了一名退伍海军“老三”的故事，塑造了中国式硬汉。另在 2011 年上映的电影《硬汉 2》讲述了发生在美丽海滨城市的一个故事，取景地为青岛老城区，其导演正是青岛籍的丁晟。导演出于“私心”，为《硬汉》烙上了青岛制造的印记。近年来，《首席执行官》《寻找微尘》《青岛大绑票》《跑马场》一类完全展现青岛题材的影视作品在国内引起广泛共鸣，这些影视作品将各个时期的青岛通过电影的形式展现给大家，将“青岛名片”深深打入了国人心中。

历史沉淀在青岛城市中的灵魂和气质应通过影视作品和影视文化产业的发展展示出来，塑造出有血有肉的青岛形象。青岛作为世界“电影之都”和国内重要的影视文化产业基地，肩负通过影视产业实现文化输出的重任。进一步通过文化输出丰富并完善青岛影视形象，路漫漫其修远兮，还有巨大的潜力尚待挖掘。

（四）借鉴釜山经验，拉动全产业链条

影视文化产业并不宜简单化理解，它同时具备商业、艺术双重特征。韩国釜山早在 2014 年就获得“电影之都”殊荣，其影视文化产业发展迅猛。从文化、政策、经济等多角度分析釜山发展影视文化产业的历程，能在一定程度上为青岛影视文化建设带来新思路。

1993 年韩国电视剧《嫉妒》进入中国市场，从此畅通韩国影视制作输入中国之路。从 1997 年开始，中央八套开设海外剧场，大量引进韩剧，大量韩国电视连续剧开始霸占中国家庭的电视机。而后，随着互联网的迅速发展，各类视频网站纷至沓来，通过电脑端、移动端观看影视作品更加便利，《来自星星的你》等一系列韩剧纷纷涌进中国，且凭借网络传播迅速蹿红。2014 年全年釜山完成了 88 部影视剧作的摄制，几乎每时每刻都有剧组在劳作。釜山已成功举办 22 届国际电影节，每年吸引 20 多万名观众，还在电影节上成功设立“亚洲新导演奖”等，有力促进了釜山市影视人才发现与培养。

釜山电影节期间，釜山同时启动了BIFCOM（即釜山国际电影中介和电影产业博览会）与PPP（即釜山电影节亚洲电影资助计划）两个项目。两项活动的开展促使釜山成为世界电影业首个同时包含影视制作所有领域（包括前期宣传营销、融资筹资、取景拍摄、制片、后期制作、推销推广等相关事务）的综合性市场。为了放大BIFCOM和PPP的功能，电影节召开之际还设立了一个釜山电影市场（BFM），作为信息中介，将资金、制片与市场三者打通，成为适应全球化背景下的电影市场需求与产业发展的、堪称韩国和亚洲最高质量的电影市场。

与影视的结缘使釜山成为观光胜地，影岛白滩文化村、综合百货店，二妓台公园和釜山的标志性建筑广安大桥、海鲜市场，因为《辩护人》《盗贼同盟》《海云台》《神汉流氓》等影视作品的取景成为影迷们流连忘返"重回电影画面"的观光胜地，除了旅游业，影视还带动了釜山房地产行业的发展，包括著名韩国男演员Rain、导演金泰勇等在内的很多影视名人都在釜山买房置业。传统工业城市釜山正逐步转变为韩国的戛纳或洛杉矶。

借鉴釜山的成功经验，施展影视之魅力，发动全民建设影视文化全产业链条，追求本土化与国际化相融合，形成大影视格局，是青岛影视文化产业建设的当务之急。

（五）青岛发展影视文化产业的方向

青岛市应将影视文化产业发展提上日程，大力发展文化创意及周边产业，将影视文化作为推动城市可持续发展的重要驱动力。积极举办具有国际影响力的各类电影节庆活动，提高青岛电影产业知名度，通过影视文化交流带动青岛市经济、教育、科技、旅游等其他领域的可持续发展。

青岛影视产业必须通过完善相关体制机制，创建全产业链条，搭建高端影视文化交流平台，吸引国内国外优质影视资源，形成以影视为特色的新的高水准城市品格。未来，推动影视文化产业发展的十大重点领域、五大建设平台将在青岛被合理布局，它们是与影视相关的后期制作、人才培养、版权交易与开发、拍摄基地建设、互联网产业、互动娱乐与文化旅游、文化交流、动漫产业、经纪、中介服务十大重点领域，作品交易、项目融资、产品推广、资源共享、人才交流五大建设平台，心定能为青岛影视文化产业的集聚发展提供有效保障。"计划至2025年，青岛市每年拍摄制作影视作品超过 180 部，影视产业总收入达到 280 亿元，带动就业人数超过 20 万人。”

结 语

不仅仅是青岛市，对于全中国、全世界来说，影视文化产业都是一个生机无限的朝阳产业。伴随着影视产业园落成、跨海地铁及新机场建设等“大手笔”，青岛“影视之城”正蓄势待发。青岛市处于山东省龙头地位，天时地利人和，青岛影视文化产业的崛起良机不可错失。正确把握时代机遇，借力国际视野迎接现实挑战，是青岛市在产业结构转型升级中的当务之急。对于影视文化产业的发展不仅要用包容的态度吸收和吸纳外来的技术、资金、人才，更应该以开放的眼光来对待本土资源，同时开发新的属于青岛的媒体互动平台，培养本土影视制作创作人才，继续改善青岛影视文化产业投资环境，让投资人不仅投资放心并且投资舒心。利用好自身拥有的广大市场，深耕潜力巨大的中国市场，拥抱辽阔的世界市场，青岛责无旁贷。总之，文化战略关系到城市发展、经济转型、国计民生，时不我待，做大做强青岛影视文化产业意义非凡。

参考文献

陈瀚海：《我国影视文化产业在经济全球化环境下的发展》，《青年与社会》2014 年第 1 期。

谢伏瞻：《影视产业的发展与策略》，中国发展出版社，2000。

《青岛市高端影视文化产业发展规划（2014—2020 年）》，青岛政务网，2014。

武瑛杰、臧丽明：《探究韩国文化输出模式对中国的启示——以韩国影视为例》，《才智》2015 年第 14 期。

2017年中国香港电影产业发展分析

郑大卫[*]

摘　要：本文为2017年中国香港地区的电影综合简报，包括了该年度公映影片的部数、票房收入、影院数量、电影交流以及获奖情况，还择要介绍了有关电影机构、团体的情况。

关键词：香港电影　电影产业　港产片

一　港产片在香港地区的市场概述

2017年中国香港地区共公映了电影331部，与2016年的349部相比下降了5.2%。公映的华语片为83部，其中，港产片为20部（见表1），香港与内地合拍片为32部，中国内地（大陆）影片为13部，中国台湾影片为12部，中国澳门影片为2部，中国与外国合拍片为4部。最卖座的华语片是《春娇救志明》（与中国内地合拍，3070万港元），最卖座的外语片是《美女与野兽》（美国，6700万港元）（见表2）。2017年香港地区电影的总票房达到18.5亿港元，与2016年的19.6亿港元相比下降5.6%。

* 郑大卫，广东省电影行业协会秘书长，广东外语外贸大学中国语言文化学院创意写作工作坊特约教师。在影视行业从业三十余年，曾担任制片人、监制、编导以及《广东电视周报》和《娱乐周刊》主编等。

表 1　2017 年香港公映的港产片

序号	片名	首映日期	票房收入（万港元）
1	《我要发达》	1 月 19 日	143
2	《小男人周记 3 之吾家有喜》	1 月 26 日	1619
3	《初恋日记》	3 月 2 日	191
4	《救僵清道夫》	3 月 16 日	695
5	《我老婆未结婚》	3 月 16 日	10
6	《一念无明》	3 月 30 日	1687
7	《同囚》	5 月 4 日	230
8	《29 +1》	5 月 11 日	1525
9	《失眠》	5 月 18 日	419
10	《今晚打丧尸》	6 月 29 日	501
11	《香港制造》	7 月 1 日（修复/特别放映）	
12	《青春战记》	8 月 17 日	4
13	《生化药尸》	8 月 24 日	6
14	《私人会所》	8 月 31 日	119
15	《K 女士》	9 月 21 日	43
16	《爱情奴隶兽》	10 月 12 日	95
17	《空手道》	11 月 2 日	276
18	《鬼网》	11 月 23 日	79
19	《女士复仇》	12 月 7 日	69
20	《白色女孩》	12 月 14 日（特别放映）	

资料来源：创意香港、香港影业协会。

表 2　2017 年香港十大卖座华语片和外语片

排名	华语片名称	票房（万港元）	外语片名称	票房（万港元）
1	《春娇救志明》	3070	《美女与野兽》	6700
2	《拆弹专家》	2550	《蜘蛛侠：英雄归来》	6566
3	《西游·伏妖篇》	2440	《雷神 3》	5424
4	《追龙》	1900	《速度与激情 8》	5156
5	《一念无明》	1687	《神偷奶爸 3》	4984
6	《小男人周记 3 之吾家有喜》	1619	《神奇女侠》	4794

续表

排名	华语片名称	票房（万港元）	外语片名称	票房（万港元）
7	《29 +1》	1525	《正义联盟》	4380
8	《原谅他 77 次》	1450	《宝贝老板》	4073
9	《西谎极落之太子·太爆·太空舱》	1020	《金刚狼 3：殊死一战》	3826
10	《杀破狼·贪狼》	780	《王牌特工 2：黄金圈》	3750

资料来源：创意香港、香港影业协会。

2017 年全香港地区共有 53 家电影院 200 多块银幕（见表 3）。院线包括百老汇、UA、泛亚、娱艺、MCL、AMC 等。基本票价：一般最低 65 港元→80 港元→90 港元→最高 200 港元。

表 3　2017 年香港地区影院情况

港岛（14 家）	九龙（23 家）	新界（16 家）
AMC Pacific Place Cinema City JP 铜锣湾 Cinema City 柴湾 L cinema MCL 康怡戏院 MCL 海怡戏院 MCL 皇室戏院 UA Cine Times 百老汇 MOViE MOViE Cityplaza 百老汇 PALACE ifc 百老汇　数码港 总统戏院 英皇戏院 香港艺术中心电影院	Cinema City 朗豪坊 MCL Festival Grand Cinema MCL 德福戏院 The Grand Cinema UA Cine Moko UA Cine Moko BEA IMAX UA iSQUARE UA iSQUARE BEA IMAX UA MegaBox UA 凤凰影院 嘉禾 the sky 嘉禾　海运戏院 嘉禾　黄埔 宝石戏院 影艺戏院 新宝戏院 星影汇 百老汇 PALACE apm 百老汇 The ONE 百老汇　旺角 百老汇　好莱坞 百老汇　电影中心 豪华戏院	MCL STAR Cinema MCL 新都城戏院 MCL 粉岭戏院 UA 屯门市广场 UA 机场影院 UA 沙田新城市广场 元朗戏院 凯都戏院 嘉禾　粉岭 嘉禾　荃新天地 巴黎伦敦纽约米兰戏院 百老汇 MY CINEMA YOHO MALL 百老汇　嘉湖银座 百老汇　荃湾 百老汇　葵芳 马鞍山戏院

二　香港地区的电影交流

（一）“香港国际影视展”（FILMART）

中国香港电影无论是在世界电影上还是在华语电影上，都占有特殊的地位。它现在仍是亚洲以及华语电影的重要投资、制作、发行中心。每年的 3 月，香港会举办一年一届的“香港国际影视展”，经过二十年的成长，已成为国际影视产业的一个重要市场。

“香港国际影视展”是“香港影视娱乐博览”旗下 10 个活动中的始创项目之一。“香港影视娱乐博览”于 2017 年 3 月 13 日至 4 月 25 日举行，集合 10 大精彩活动，包括 3 个始创项目，即“香港国际影视展”（FILMART）、“香港国际电影节”（HKIFF）、“香港电影金像奖颁奖典礼”（HKFA）；7 个核心项目，即“香港亚洲电影投资会”（HAF）、“香港亚洲流行音乐节”（HKAMF）、“IFPI 香港唱片销量大奖”、“ifva 独立短片及影像媒体节”、数字电影特效高峰论坛、数码娱乐论坛，以及电视世界国际论坛。

其中，2017 年 3 月 13 日是第 21 届“香港国际影视展”的开幕日。在这 4 天时间里，聚集了来自将近 40 个国家和地区的近 800 家参展商。其中有中国内地、美国、英国、加拿大、欧盟、韩国、日本等地区的参展商，还有 15 个“一带一路”沿线国家（包括俄罗斯、乌克兰、哈萨克斯坦、泰国、柬埔寨等）的 200 多家参展商。波兰、土耳其、蒙古国、印度尼西亚的影视机构属于首次参展。来自东盟的参展商约有 50 家。

“香港国际影视展”是亚洲影视界的首要商贸平台，第 21 届成功吸引超过 8000 位参观人士，较上届增加 9%，其中，中国内地、菲律宾及柬埔寨更取得双位数字的增长。

中国香港作为东道主，自然需承担展示合作、交流重任。银都、安乐、寰亚、美亚、英皇、寰宇、天马、星王朝，以及中国 3D 数码娱乐、天下一电影、发行工作室都有重要作品展示。银都机构重点推出《毒·诫》《卧虎潜龙》《我的宠物是大象》《少年班》四部作品，寰宇有《拆弹专家》，美亚有《杀出龙门客栈》《全球通缉令》，天下一电影联合华策影业的《寻秦记》《低压槽》，星王朝也有项目，其中，最受关注当属刘德华、甄子丹主演的《追龙》。

这一年，中国内地参展“香港国际影视展”的规模亦为历年最大，有超过220家参展商前来。不仅多个省区市如广东、北京、上海、山东、四川等再度设立地区展馆，而且宁波市及福建省政府首次参展。

香港与内地合拍的重点影片包括博纳投资、徐克监制、袁和平导演的《奇门遁甲》，星皓影业投资的《西游记之女儿国》和《八仙》。为此，有报道称：混合了香港影片和内地影片优良血统的中国电影已经成为一股不可忽视的影坛新力量。目前，大部分港片有内地资本或者内地电影人的加入，而这也恰恰成为现行香港电影发展与演变的一个重要走向。

这一届“香港国际影视展”还举办了一个题为“亚洲纪录片市场的机遇”的研讨会，凭《颍州的孩子》获奥斯卡最佳纪录短片奖的杨紫烨导演与大家分享了心得，指出买家较重视有普适主题的作品。

这次“香港国际影视展”期间，举行了超过70场特别交流活动，包括专题研讨会、新闻发布会和首映礼、颁奖活动，超过30位来自电影、数码娱乐、动画等不同领域的知名行业代表担任主讲者。另外还有约40场试映会为世界及国际级首映。参与的香港电影公司，包括英皇、太阳娱乐、寰宇、银都、邵氏兄弟等。由香港贸易发展局主办或同其他单位合办的研讨会共12场，吸引超过3000人参与。

“香港国际影视展”已经成为推广影视及娱乐产品的生产及分销中心，成为电影融资、后期制作、发行、推广与交易的重要市场，成为国际影视界的重要商业平台。

（二）香港亚洲电影投资会（HAF）及亚洲电影大奖（AFA）

为加强中国香港及亚洲电影的感染力，香港国际电影节协会在每年3～4月均会举办三项旗舰活动，包括香港亚洲电影投资会（HAF）及亚洲电影大奖（AFA）、香港国际电影节（HKIFF）。

2017年3月13日至15日，第15届“香港亚洲电影投资会”（HAF）在香港举行。这个活动是在香港特区政府机构“创意香港”“香港电影发展基金”的支持下，由香港国际电影节协会主办、香港贸易发展局（HKTDC）及香港影业协会有限公司（MPIA）合办的。它已成为“香港影视娱乐博览”旗下的核心项目，在国际电影圈中属于顶级的亚洲电影发展市场。“香港亚洲电影投资会”的电影计划曾被选中入围角逐奥斯卡金像奖，曾入选过戛纳、柏林、威尼斯、多伦多及鹿特丹等电影节。其旨在为亚洲电影制作人找寻国际投资者，联合发展电影计划。“香港亚洲电影投资会”在为期三日的活动里，与世界各地的电影投资者、制片人、银行家、发行商、买家及电影基金负责人在专设的环境中洽谈新电影计划。

第 15 届“香港亚洲电影投资会”（HAF）在 2017 年 1 月 18 日公布了来自 14 个国家及地区的共 25 项入选电影计划。本年度共收到 350 份电影计划申请，入选的题材大多集中探讨当下社会关注的家庭问题，如婚姻矛盾、复杂亲情关系、非传统家庭等。另外，还有涉及惊悚、科幻等以往较少见的类型。

第 15 届“香港亚洲电影投资会”颁发 14 个奖项，奖金及非现金奖总值约 158.8 万港元，用以表扬出色的获奖电影项目。这一届“香港亚洲电影投资会”大奖分别由《由龄开始》与“*NARAtive Film 2017 - 2018*”获得。

此外，“香港亚洲电影投资会”与美国福斯国际制作及福斯传媒集团合作，颁发“HAF/FOX 电影项目大奖”，该奖于 2012 年开设，用以鼓励优质华语电影项目。本次大奖由内地导演的悬疑、谋杀作品《三千片雪》获得。

与 mm2 全亚影视娱乐有限公司合作，设立奖金 10 万港元的现金奖，用于鼓励和支持出色的华语电影计划。《忘记你，还是爱你?》荣获本次“mm2 大奖”。

为加强支持华语年轻导演发展，“香港亚洲电影投资会”还获得中文视频网站爱奇艺赞助的 10 万港元的现金奖，用于奖励具有商业价值的华语长片电影计划。《病人》荣获本次“爱奇艺特别选择大奖”。

其他赞助商还有中国电影基金会——吴天明青年电影专项基金、博伟达电影基金等。本次“吴天明后期制作大奖”颁给了《生生不息》，奖金为 30 万元。

（三）香港国际电影节（HKIFF）

“香港国际电影节”（HKIFF）由香港市政局于 1977 年创立，通常于每年三月中旬到四月初举行，已成为亚洲一流的非竞赛类国际影展。电影节每年搜罗来自逾 50 个国家和地区的超过 330 部作品，在香港 12 个主要文化场地上映，吸引超过 60 万人次的观众欣赏。

从第三届（1979 年）开始，“香港国际电影节”逐渐成型，从放映国际电影、亚洲制作到当代香港影片及回顾系列，奠定了之后三十年的电影节模式。2000 年至 2004 年期间，“香港国际电影节”曾由多个部门及法定机构，包括康乐及文化事务署和香港艺术发展局主办。2004 年，香港国际电影节协会正式公司化，成为独立的非营利团体。从第 29 届开始至今，“香港国际电影节”已发展成为香港最大型的电影文化交流与欣赏活动，更是亚洲最有影响力的电影平台之一，让来自全世界的电影业界人士及影迷在此欢聚一堂，一面交流讨论，一面欣赏精彩作品。

“香港国际电影节”的主要活动包括以下一些。首映礼：开幕电影、闭幕电影、隆重首映、与观众会面等。竞赛展映：新秀电影竞赛展映、纪录片竞赛展映、国际短片竞赛展映、颁奖礼之夜等。大师与作者：大师级、作者风等。华语电影：香港电影面面观、电影生力军等。国际电影：影迷嘉年华、世界视野等。纪录片：亲爱的地球、真的假不了、影人影事等。平台：自主新潮、我爱午夜长、前卫眼、修复经典、我看我电影、超人气动画等。焦点·致敬：焦点影人、影人经典作品回顾等。附加节目：大专学生作品展、ifva 纪录片系列作品精选等。

“香港国际电影节”放映的大多是上一年各大影展的得奖及有影响力的电影和大师名导作品，为了表扬优秀的电影人士及其佳作，该电影节现增设五项电影大奖：新秀电影竞赛、纪录片竞赛、国际短片竞赛、国际影评人联盟奖、天主教文化奖。

其中，“新秀电影竞赛”旨在表彰那些充满力度与原创性的电影制作及其对今日世界的独到表达。该项电影竞赛设有“火鸟大奖”“评审团奖”。

“纪录片竞赛”旨在表彰那些关注社会议题而具有美学价值的纪录片，同时向世界各地的纪录片导演致敬，肯定他们在纪录片的形式和语言上做出的贡献。该项电影竞赛设有“火鸟大奖”“评审团奖”。

“国际短片竞赛”旨在鼓励短片的创新及制作，它亦提供了一个让国际及本地短片导演进行交流的平台。该项电影竞赛设有“火鸟大奖”“评审团奖”。

“国际影评人联盟奖”旨在鼓励新生代电影发展。该联盟是由全球专业影评及电影传媒人组成的国际性协会，致力于推动电影文化的发展。国际影评人联盟奖旨在表扬具有出色表现的电影制作。香港国际电影节将选出

12 部亚洲新晋导演的提名作品，并由三位电影界知名人士组成评审团选出杰出作品，候选影片均可附 FIPRESCI 标志。

自第 28 届香港国际电影节开始设立，每年所颁发的天主教文化奖是表扬电影人，如导演、演员、编剧等的出色表现，同时向致力于透过电影表达对社会、人权的关注，并传达心灵及艺术价值的电影人致敬。香港国际电影节将选出 12 部提名作品，并由三位电影界知名人士担任评审员选出得奖者。候选影片均可附 SIGNIS 标志。该项电影奖设有“天主教文化奖”“特别表扬奖”。

以上奖项由业界享有盛名的专业电影人、影评人、导演及演员组成的评审团进行评选，得奖结果将在“香港国际电影节”的“颁奖礼之夜”公布（见表 4）。

表 4　2017 年香港国际电影节获奖影片

序号	奖项	获奖影片	备注
1	新秀电影竞赛：火鸟大奖	《逃出安乐窝》	格鲁吉亚
2	新秀电影竞赛：评审团奖	《五星级选战》	印度
3	纪录片竞赛：火鸟大奖	《山居少女图》	摩洛哥、卡塔尔
4	纪录片竞赛：评审团奖	《囚》	中国内地
5	国际短片竞赛：火鸟大奖	《树海》	法国
6	国际短片竞赛：评审团奖	《十晨十夕一地平》	日本
7	国际短片竞赛：特别表扬	《一切》	爱尔兰
8	国际影评人联盟奖	《杀兄同乐日》	韩国
9	天主教文化奖	《圣之青春》	日本
10	天主教文化奖：特别表扬	《女教师》	捷克
11	观众票选大奖	《一念无明》	中国香港

（四）“香港电影金像奖”

1979 年，香港电影杂志《电影双周刊》创刊。1982 年，该刊物组织一群电影人对香港的电影进行评选，并且与香港电台合作举办正式的颁奖典礼。此后每年一度，通过评选与颁奖形式，对表现优异的香港电影作品和电影工作者给予褒奖表扬，希望借此提高电影人的制作水平和观众的欣赏水平，推动香港电影的发展。这就是现在华语影坛中最有影响力的“香港电影金像奖”。

第36届香港电影金像奖颁奖典礼于2017年4月9日晚上在香港文化中心举行。获得最佳电影的是由寰亚电影制作有限公司、北京海润影业有限公司联合出品的《树大招风》，获得最佳导演的是执导《树大招风》的许学文、欧文杰、黄伟杰，获得最佳编剧的是《树大招风》的龙文康、伍奇伟、麦天枢，获得最佳男主角的是《树大招风》的林家栋，获得最佳女主角的是《幸运是我》的惠英红（见表5）。

表5　第36届香港电影金像奖获奖名单

序号	奖项	获奖者
1	最佳电影	《树大招风》（寰亚电影制作有限公司、北京海润影业有限公司）
2	最佳导演	许学文、欧文杰、黄伟杰（《树大招风》）
3	最佳编剧	龙文康、伍奇伟、麦天枢（《树大招风》）
4	最佳男主角	林家栋（《树大招风》）
5	最佳女主角	惠英红（《幸运是我》）
6	最佳男配角	曾志伟（《一念无明》）
7	最佳女配角	金燕玲（《一念无明》）
8	最佳新演员	胡子彤（《点五步》）
9	最佳摄影	鲍德熹、曹郁（《摆渡人》）
10	最佳剪辑	梁展纶、David Richardson（《树大招风》）
11	最佳美术指导	邱伟明（《摆渡人》）
12	最佳服装造型设计	奚仲文、吴里璐（《西游记之孙悟空三打白骨精》）
13	最佳动作设计	董玮（《湄公河行动》）
14	最佳原创电影音乐	金培达、波多野裕介（《七月与安生》）
15	最佳原创电影歌曲	《沙燕之歌》（《点五步》）
16	最佳音响效果	曾景祥、李耀强（《寒战2》）
17	最佳视觉效果	《西游记之孙悟空三打白骨精》
18	新晋导演	黄进（《一念无明》）
19	最佳两岸华语电影	《一路顺风》（台湾影片）
20	终身成就奖	芳艳芬（演员）
21	专业精神奖	阮大勇（电影海报设计师）

三　2017年香港电影人在华语电影市场上的成绩

香港新晋导演黄进的影片《一念无明》，获得代表香港影片参加2018年美国奥斯卡电影金像奖“最佳外语片”的候选资格。

2017年，香港有两位电影导演与中国内地合拍的影片票房收入超过10亿元，分别是唐季礼的《功夫瑜伽》（17亿元）和徐克的《西游·伏妖篇》（16亿元）。此外，票房收入超过1亿元的影片还有15部，它们是：郭子健的《悟空传》（6.9亿元），王晶的《追龙》（5.76亿元），叶伟信的《杀破狼·贪狼》（5.22亿元），刘伟强的《建军大业》（4.04亿元），邱礼涛的《拆弹专家》（4.01亿元），吴君如的《妖妖铃》（3.62亿元），袁和平的《奇门遁甲》（3亿元），冯德伦的《侠盗联盟》（2.37亿元），钱人豪的《京城81号2》（2.19亿元），许宏宇的《喜欢你》（2.11亿元），刘镇伟、江约诚的《大话西游之大圣娶亲》（1.77亿元），彭浩翔的《春娇救志明》（1.76亿元），麦兆辉、潘耀明的《非凡任务》（1.56亿元），叶伟民的《决战食神》（1.2亿元），吴宇森的《追捕》（1.05亿元）。这些香港电影导演，为中国内地的电影市场做出积极良好的贡献。

2017年11月25日在中国台湾举行的第54届“金马奖颁奖典礼”上，香港著名演员惠英红凭影片《血观音》获得“最佳女主角”奖。该片由中国台湾制作，影片展示了母女及祖孙之间的亲情纠葛。惠英红在片中饰演棠夫人，表面和蔼可亲，与女儿棠宁之间的关系时好时坏，对天真的孙女寄予厚望。主要讲述了棠夫人施展高超的交际手腕，在复杂的政商关系中求取生存权利，却因为一桩灭门悬案而卷入彼此的爱恨情仇中的故事。

在本届“金马奖”中获奖的香港电影人，还有凭借《摆渡人》获得“最佳美术设计”奖的邱伟明，张叔平和张兆康获得“最佳造型设计”奖，林哲民、Perry Kain 及 Thomas Reppen 同时夺得“最佳视觉效果”奖。此外，香港公开大学动画及视觉特效系毕业生石家俊、黄俊朗、黄梓莹联合执导的《暗房夜空》夺得“最佳动画短片”奖。该短片探讨了同性爱议题，反映了香港现实社会中的年轻同性爱者过着怎样的生活。编导希望通过这部作品，消除主流社会对性小众的歧视。

四　香港电影行业的有关机构及团体

香港特区政府一直大力支持香港的电影产业，香港特区政府商务及经济发展局专门成立了“创意香港”电影服务统筹科，从而营造并维持有利于香港影业长远健康发展的环境，协助电影制作人在香港拍摄电影，在本地与中国内地及海外推广香港电影；设立了资料中心和网站，提供有关电影制作服务的资讯，政府和公共团体就租借使用场地进行拍摄事宜订立了规例，以监管电影制作中使用烟火及其他危险物品制造特效的事宜；管理“香港电影发展基金”，为有利于香港影业长远发展的项目和活动提供资助；在本地及外地举办与电影相关的活动。

“香港电影发展基金”是香港特区政府于1999年设立的，目前该基金设立了不同的资助计划，包括“电影制作融资计划”、“电影制作资助计划”、一年一度“首部剧情片计划”以及资助其他电影相关计划。2017年，在中国内地公映的港产片《点五步》《一念无明》，都是该发展基金“首部剧情片计划”支持的作品。

香港电影发展局是为“创意香港”电影事务提供支持的一个电影委员会。从2014年开始，“创意香港”、香港电影发展局与广东省新闻出版广电局、澳门文化局以及广东省电影行业协会，联合举办每年一届的“粤港澳电影创作投资交流会”，2017年已是第4届。这一活动的举办，无疑加强和促进了“粤港澳大湾区”电影人的交流与合作。

香港特区政府与电影有关的机构还有：电影、报刊及物品管理办事处，香港生产力促进局数码娱乐业支持中心，香港特区政府康乐及文化事务署香港电影资料馆，香港警务处警察公共关系科影视联络组，等等。

近年来，香港成立了推动数字化内容创作及开发的“数码港科技中心”。另外，邵氏影城亦提供全面的电影前后制作服务，包括电影的数字修复。其数字影城达92000平方米，有5个大摄影棚，其中最大的一个棚占地1950平方米，楼高21米，后期制作大楼是亚洲地区最大的后期制作中心之一，设有30个大小不一的影像及录音后期制作室、混音室。

有关电影的公共机构主要有香港国际电影节协会、香港亚洲电影投资会、香港电影金像奖协会。有关电影的行业团体主要有香港电影商协会，该协会成立于2006 年，成员包括“中国星”“英皇”“星皓”“寰亚”“寰宇”“美亚”“橙天嘉禾”“天马”“银都”。其主要代表香港电影投资者发表意见，维护业界权益，充当与政府沟通的桥梁。

香港影业协会成立于 1986 年，代表业界发表意见，代表行业与政府进行沟通、洽商；与各地影业协会联络，促进推广影业发展；代表协会会员或影业人士，对侵犯其权利的事宜进行诉讼。现协会有 130 多位会员，包括制作、发行公司，个人会员有导演、编剧、制片等。由协会会员制作或发行的影片，占香港本地市场的 85% 以上。1993 年，香港影业协会开始实施首个影片登记注册、认证及发证制度，并被中华人民共和国国家版权局指定为香港电影作品唯一一个版权认证机构。2002 年建立香港首个网上电影版权资料库，为公众提供有关电影的版权信息，负责提供香港每月电影票房报告。2017 年，与香港贸易发展局（HKTDC）合办“香港亚洲电影投资会”（HAF）。

成立于 1979 年的香港电影制作发行协会，会员包括香港和中国内地的电影及多媒体制作、发行公司。其主要为电影及多媒体的制作、发行提供专业意见、技术支持、版权服务，协助、支援政府或团体在港内外举办影展及相关活动，签发有效的有关电影的版权证明、拥有权和产地来源证明。

香港电影制片家协会成立于 1964 年，每年代表香港挑选影片参加“亚太影展”和角逐美国“奥斯卡”的“最佳外语片”奖。

与电影相关的团体还有香港戏院商会、香港作曲家及作词家协会、香港动画制作人协会、香港影评人协会、香港电影评论学会、华南电影工作者联合会、港澳电影戏剧总会以及电影文化中心（香港）有限公司、艺进同学会。

香港最大的一个电影团体是香港电影工作者总会，该组织成立于 2002 年。总会的宗旨在于维护、保障电影工作者的基本权益，改善与提升香港电影制作的环境，表达电影行业的意见，与政府及各界建立良好的沟通关系。从 2004 年开始，推出“片名及剧本登记服务”，以此保障原创作者的权益。该总会成员包括香港电影导演会、香港电影编剧家协会、香港电影制作行政人员协会、香港专业电影摄影师学会、香港电影美术学会、香港电影剪辑协会、香港电影灯光协会、香港电影后期专业人员协会、香港动作特技演员公会、香港演艺人协会。

市场营销

中国电影海外发行浅析

顾洪洲　李明嵩*

摘　要： 随着全球化日益深入，地球村的概念也日渐深入人心，在注重国内市场的同时，本国以外的市场也应该在产品的前期策划阶段加以重视。中国电影在全球化进程中不可避免地要参与国际竞争，这对于发展比较落后的中国电影产业来说既是机遇也是挑战。中国电影只有进入更加广阔的市场才能在世界竞争的舞台上壮大自己，提升自身竞争力。只有不断培养中国电影的市场人群，拓展海外渠道，在竞争中重组兼并，多元化经营，提升中国电影品牌，才能真正实现中国电影的“走出去”。

关键词： 全球化　中国电影　海外发行

庞大的海外市场对于企业或产品来讲，不仅意味着企业未来强劲的后续发展和巨额的商业利润，同时能够传递给消费者其企业或商品的价值理念和文化，甚至还能附加地把本国的传统文化与价值传递到海外，增强国家的软实力。而电影本身就是一种特殊的文化产品，其所具备的文化影响更非一般产品所能企及，所以开拓海外电影市场不仅是企业的一种商业追求，同时也应该是企业和政府对宣扬本国人文价值的永恒的追求和职责。由于各种原因，发展比较落后的中国电影的海外开拓之路始终没有实质性的突破，尤其是在好莱坞疯狂抢夺世界市场的背景下，中国电影必须在夹

* 顾洪洲，北京城市学院影视文化管理专业负责人，毕业于北京电影学院管理系；李明嵩，北京电影学院现代创意媒体学院电影产业研究所研究员，主要研究方向：电影制片管理。

缝中求得生存，只有在守住本国市场的同时，一点点地渗透到海外市场，逐步地扩大中国电影的市场份额，才能实现中国电影的“走出去”。

一　中国电影海外发行现状

最近几年，业内一直都在不断地强调中国电影海外发行的重要性，可事实上，雷声大雨点小，尽管所有的电影人都对此充满期待，但中国电影的各种海外发行收入还是不尽如人意。2005～2014年中国电影海外发行收入的情况如表1所示。2005年中国电影的海外发行收入是16.5亿元，2006年为19.2亿元，2007年为20.2亿元，2008年为25.26亿元，2009年为27.59亿元。2009年我国有185部次的电影销往海外68个国家和地区，比上一年新增了7个国家和地区。2009年的海外收入相比2008年增长了9.22%，但是这与国内票房收入高达45%的增幅相比显得微不足道。而且2009年除了《赤壁（下)》和《花木兰》等少数在海外市场取得不错成绩的影片外，其余影片都不尽如人意，海外市场与国内市场的火热程度形成了鲜明的对比。2010年中国电影取得大发展，除总票房突破百亿元大关外，相关数据显示有47部国产影片销往61个国家和地区，国产电影海外销售收入达35.17亿元，较2009年的27.59亿元增长27.47%。2011年，销往海外的中国电影发行总收入锐减为20.24亿元。2012年我国电影年产量700多部，但全年销往海外的影片只有75部，销往80个国家和地区，共计199部次，其中合拍片为46部，占比高达61.33%；海外票房及销售总收入仅为10.63亿元，同比下降将近50%。2013年我国全年只有45部影片销往海外，海外票房和销售收入仅有14亿元，不到国内票房的7%。2014年，中国的国产影片海外销售收入为18.7亿元，同比增长33.57%。

表1　2005～2014年中国电影海外发行收入

单位：亿元，%

年份	海外收入	增长率	年份	海外收入	增长率
2005	16.5	—	2008	25.26	25.05
2006	19.2	16.36	2009	27.59	9.22
2007	20.2	5.21	2010	35.17	27.47

续表

年份	海外收入	增长率	年份	海外收入	增长率
2011	20.24	-42.45	2013	14	31.70
2012	10.63	-47.48	2014	18.7	33.57

我国现在是以亚洲—美洲—欧洲这样的辐射方式来拓展电影的海外发行之路的。亚洲地区因为具有天然的文化相通性，在输出电影上减少了文化贴现，成为我国电影输出的首选地，其次是美洲和欧洲。

中国电影进军海外市场基本上有以下三种方式。第一，以“北京放映”为代表的交易方式，作为中国最大的电影国际交易活动，以中影集团为依托，为很多中小成本的电影找到不错的海外出路。或者由海外推广公司带着中国电影到其他国家的各种电影交易会上进行海外交易。所取得的成绩还是不错的。但是由于中国电影题材、制作质量等，成交金额不尽如人意。第二，进军国际上的各类电影节，以此进入各国院线和电视播映渠道。这样的海外销售方式还是比较普遍的，通过在国际电影节上获奖来获得各国发行方的关注，成功地达到销往海外的目的。可即便是这样，仍有很多获奖影片的“钱途”一片渺茫，有些能被其他国家的发行商看中从而进入所在国院线放映，但这里要指出所谓院线放映更多的是在非主流院线，所以票房也是可想而知的。有的电影被买断，这样一来，国外发行所获得收益就再与中国电影的片方没有任何关系。更甚者，即使获奖也无人问津，积压家中，由此造成资源的大量浪费。第三，以合拍片为主，完全按照国际上流行的商业运作模式进入海外国家主流院线。这几年我国的大部分所谓的“大片”是以合拍的方式运作的，《功夫之王》《赤壁》《色戒》《无极》《花木兰》《道士下山》等都是以合拍片的方式取得很好的海外票房的。这些电影从一开始就有海外资金的投入，海外的资方必定会为影片不留余力地做好宣传使自己获利，这样的方式可以说是目前最有效的海外发行方式，互惠互利。即使海外发行权被海外投资方垄断，海外收入与我国电影不发生关系，但是其扩大了中国电影的接触面，从而扩大了海外中国电影的观众群，这无疑也是一种潜在收益。除此之外，还有一些独立电影的片方自己联系海外发行商发行，但是这样的独立发行方式相对来讲比较艰难，成功率也比较低。

从这些海外发行收入数据及中国电影的这种海外销售方式来看，可以说中国电影目前海外发行还是处于初级阶段，不要说是跟庞大的好莱坞巨头相比，就是跟我们周边的日韩相比，仍是有比较大的差距的。

二　开拓海外市场困难重重的原因

过去中国电影在国内市场上热火朝天，数据上破了一个又一个纪录，但是在海外却截然相反。2014 年的电影海外收入几乎与 2005 年的海外收入持平（虽然中间有几年有了一些增长），从数据上可以说这十年的电影海外市场探索之路举步维艰。那么中国电影抢占海外市场为什么会如此困难呢？

（一）影片质量

观众的审美观点今非昔比，这不仅体现在对画面质量的要求上，还体现在对内容信息等方面的要求上。在当今全球化的时代，信息都是共享的，再加上技术的不断进步，以及好莱坞电影的无孔不入，大大地提升了世界观众的审美要求。当下的中国电影市场大部分在玩“概念”、炒“IP”，而不在电影故事上下功夫，电影最终依旧是需要讲故事，好的故事才能真正吸引观众。此外，目前中国很多片子的总成本并不高，虽然当下市场好像不缺钱，但是大部分电影的投入都远不及好莱坞电影的投入，在这种状态下，“巧妇难为无米之炊”，电影是个烧钱的行业，好的剧本、设备、人员、场景、特技、后期等等都是需要大量的金钱投入的，正所谓一分钱一分货，没有相应资金的投入是很难制作出综合质量都比较高的影片的。

（二）融资问题

中国电影产业还没有成熟到如同美国那样，而且相去甚远，这就意味着更高的风险、更大的盲目。由于风险太高，中国电影又不具备好莱坞成熟的电影产业链的保障，像银行贷款、PE、VC 等已经在中国其他行业比较成熟的项目，面对中国电影业虽非常感兴趣，却也不敢轻易地介入。同时好莱坞还有非常成熟的完片担保体系，而这个体系在中国还只是个概念。虽然这几年都说中国电影市场不缺钱，但是在缺乏全球市场、保障性的前提下，有多少人敢大手笔投入呢？仅仅靠中国本地市场还是很有限的。

（三）销售渠道及营销方式问题

中国电影的年产量还是非常可观的，可并没有几部能够真正进入海外市场，尽管有中影的“海推”，以及华谊和保利博纳等创建的私营国际发行公司，但真正意义上，它们都不是能够参与到主流国际运作的电影企业，在全球化时代当中基本没有国际化的经验和机制。要想打开国际市场，“渠道为王”，全球的发行网络是必不可少的。中国电影界的任何一家发行公司现在还无法在全球各地建立与各国发行院线保持关系的办事处，所以它们也就缺乏好莱坞那样的发行公司。这也就决定了中国电影无法像好莱坞那样在全球实行天女散花。同时在营销方式上，中国的大部分电影没有把宣传费算到预算里面，导致在电影制作完成以后没有足够的资金进行宣传，其实包括去参加各大电影节，车旅费也是一项不小的开支，更不用说在电影节期间做自己的大肆宣传了，登杂志、贴海报等这些都是要花费不少资金的。中国电影现在还没有在影片前期制作阶段就找海外发行公司的意识，总是在影片制作完成以后才拿着样片去找海外的发行商，这样就为电影的海外发行带来诸多困难。

（四）国家政策以及产业机制问题

中国电影在相当长的时间内一直被作为一种政治宣传工具，直至今天这种影响力还在延续。如今的审查制度较为严格，在现行的《电影管理条例》当中，明确规定了影片不可以涉及的题材，同时《条例》还没有以法律的形式确定下来，分级制度也没有建立，而不断出台的新政策或者新声明，常常让人措手不及，这些都导致了中国影人小心翼翼，造成了中国电影题材的局限性。本来凭借拥有五千年历史的文明古国的巨大题材库，加以利用足以吸引海外市场的关注，但是恰恰相反，中国所输出的电影千篇一律，让人审美疲劳。再好的电影，看多了也会让人失去兴趣，这导致中国电影原来持有的海外市场份额日益萎缩。再者，中国电影的产业机制还不成熟，中国电影界对海外市场并不了解，我们应加深对海外市场的了解，知己知彼，方能百战不殆。好莱坞电影之所以能够驰骋全世界，美国政府是功不可没的，美国政府为电影发展提供了政策、外交和信息方面的巨大帮助。虽说这几年我国政府已经在宣扬要发展文化产业，包括 2018 年的两会有提出发展文化产业，但与美国政府相比，中国政府还是有很多东西要去学习的。而这些支持正是中国电影产业机制的建立、发展和中国电影的海外营销的后盾力量。

（五）电影的定位问题

在中国，由于国家政治层面的问题，长时间来对电影的定位是政治宣传工具；改革开放以后，中国逐步向市场经济发展，相对而言，电影业比其他行业在市场化方面起步晚。电影所负载的意识形态意义远远超过了其娱乐工业的意义，所谓娱乐性的追求只是对宣传的一种包装，而“宣传”所包含的集体化和整体化意识与娱乐的个体化和消费化倾向之间往往具有难以调和的冲突。像好莱坞以及我们的近邻日韩都已经确立了电影是大众文化的定位，也就是娱乐的功能。而我们的电影事实上有时更加侧重电影的主流意识形态及其艺术性。我们总说要学习好莱坞，可好莱坞成功的很大原因在于其电影人知道将电影的艺术性、娱乐性及创新性加以结合。我国电影经常性脱离观众，这就导致了中国电影缺乏消费性，所以别说是海外市场，就算是本国市场也不尽如人意。近年来，随着电影改革的深入，我们好像回归了市场，虽然很热闹，但是又好像有点娱乐过度了。说到底还是没有回归到对电影本质的关注。中国任何一部电影制作完成以后总是想着要一箭双雕，打入国内外两个市场，可我们又经常性地在制作时忽略国际电影环境，不能够巧妙地将国内电影市场环境和国际电影环境加以综合考虑，所以失意海外市场是必然的。

（六）文化贴现

所谓“文化贴现”是指由于语言、文化、宗教等的差异，降低了不同国家观众对外国影片的接受程度，由于文化的差异，特别是中西方之间的文化差异，中国电影在销往海外特别是亚洲以外的地区时，难以得到当地观众的接受与理解，中国的文化理念与道德传统与他们本身的文化发生了冲突，他们对于中国人的亲情、爱情、友情等的表达方式非常疑惑，这无疑为中国电影打开海外的市场增加了障碍。所以那些事先没有考虑周全的电影，在发行阶段企图开拓海外市场根本就是不可能的。

三　中国电影渗透海外市场的路径

在经济学中有个“边际成本”的概念，是说当厂商增加一个单位的产量所增加的总成本。电影后期制作完成以后它的成本就已经基本固定下来，卖出去的就是我们拿到手上的几乎谈不上什么成本的票，那么增加一个单位的产量对电影来讲几乎为零，得到的收益就是票价，所以根据“边际成本递减规律”，电影人都想方设法开拓更大的市场。中国电影也不例外，那么在基础薄弱的前提下，中国电影该如何开拓除了本土之外的巨大的海外市场呢？

第一，抓好电影质量关。我们都知道日本汽车之所以能够畅销世界，在于日本汽车业实行了“全面质量管理”的模式，严把质量的每一关。对于电影这种文化产品同样如此，虽说电影作为产品带有更大的主观性，所说的质量也更加抽象，但是如果我们能够在电影制作的每一个环节（包括剧本的选择、人员的配备、拍摄的严谨以及后期制作的精良等）中严把质量关，而不是一味地炒作“概念”、唯 IP 论，那么属于我们中国的好电影才有可能创作出来。

第二，有了好的质量只能说是成功了一半，更重要的是在影片制作完成以后能够有很好的推广和营销。所以营销渠道就相当重要了，没有渠道再好的产品也无法销售出去。中国电影应该在世界范围内建立属于自己的营销发行网络，了解各个发行地的政治、经济、文化及特殊的风土人情，实施差异性的市场营销战略，慢慢地培养起中国电影的观众，这对于中国电影在以后的时间里开拓海外市场是至关重要的。

第三，想要一部电影能在世界范围内受到瞩目，减少文化贴现是很重要的，亚洲地区跟我们中国有天然的文化共通性，减少了输出时的文化贴现，然而在欧美地区有着天然的文化壁垒，认同感自然降低。这就涉及我们电影的选题了，在文化认同、国家形象等方面，我们要在国内市场和国际市场之间找到一个结合点。立足本土本民族，既能显示出本民族的独特性，又能纵观世界的现在与未来。阿瑟·科恩说过：“一部好的影片要能够表达人类普遍关心的情感，这样可以让世界各地的人都看懂。”

第四，建立成熟的电影产业机制，形成完整的市场化投资模式、工业化生产模式、商品化发行模式和消费化放映模式的运作体系。作为一个成熟的产业，资金链是非常重要的。中国电影要发展壮大，就需要源源不断地注入资金。中国政府及相关金融机构要加大对电影的投资与贷款，支持电影业的银行贷款，改善电影业的融资渠道。在中国电影产业逐渐成熟以后，进行电影投资基金的募集，其具体融资方式可以有股权融资、夹层融资、优先级债务贷款、发行 AAAA 级债券等，这样就解决了电影资金的问题。而在现阶段我们要扩大原始积累，扩大影响力，那就应该主动地吸纳国外资金的注入，这样不仅解决了电影的资金链的问题，同时在海外发行这一块也为中国电影的"走出去"提供了一个平台，而且壮大了自身。如果没有海外资金的电影，也应该在影片完成以后去积极地联系海外的发行商，让其尽早地介入，"酒香也怕巷子深"，不要坐等伯乐，主动出击会提高电影"走出去"的成功率。

综上所述，在全球化背景下，中国电影要在国际竞争中生存、发展和壮大，就必然要参与到全球的市场竞争中，利用市场的自发功能对中国的电影业进行整合、重组，实现资源的优化配置，扩大规模，形成多元化的经营模式，提高中国电影的市场竞争力。而中国政府要为中国电影提供良好的政策环境，创造更加有利的国际环境。同时放宽市场准入，在监管方面能够张弛有度，给予中国电影更大的发挥空间，逐步深化电影的产业化进程。这样中国电影才能不断地拓展海外市场、打响中国电影品牌，才能在全球化进程中成功实现向海外市场渗透。

参考文献

佚名：《影视行业市场简报（第十七期）》，版权网，http://www.e-bq.com/news/report/2010/0107/190592.html。

尹鸿、萧志伟：《好莱坞的全球化策略与中国电影的发展》，人民网，http://media.people.com.cn/GB/5258902.html。

俞剑红、翁旸：《电影市场营销学》，中国电影出版社，2008。

高鸿业：《西方经济学》，中国人民大学出版社，2004。

喻松、王云峰：《六次问鼎奥斯卡　科恩沪上谈中国电影走向世界秘诀》，中国新闻网，http://www.chinanews.com.cn/2002－06－11/26/193715.html。

张会军、俞剑红：《中国电影产业发展报告（2007～2009）》，中国电影出版社，2009。

中国电影的 IP 资源开发与发展策略

管燕秋*

摘　要：2015 年，电影 IP 概念席卷整个电影行业，成为 2015 年电影业的热门词语。从最初的电影创意、策划阶段到后期衍生品的开发，IP 概念贯穿了整个电影产业链。本文从 IP 的两个层面着手，介绍了中国电影 IP 资源开发现状，从资本、政策、人才等方面分析了电影 IP 发展中存在的问题，提出从提高原创力、全方位开发 IP 价值、加快人才培养、增强版权保护等几方面入手全方位加快发展中国电影 IP。

关键词：IP 电影　资源开发　衍生品　版权保护

近几年来，随着“互联网 +”的迅猛发展及人们知识产权意识的提高，电影行业 IP 概念已经深入人心。2015 年，IP 电影概念以攻城略地之势迅速渗透，呈井喷之势，电影行业开口必谈“IP”，如超级 IP、IP 开发等。2015 年可以说是电影行业“IP 元年”，呈现快速发展态势。

IP 是英语 Intellectual Property 的缩写，意为“知识产权”，是指“权利人对其所创作的智力劳动成果所享有的财产权利”。影视行业的 IP 开发有两个层面的意思：其一是已经完成的作品，如在互联网拥有高点击量和众多粉丝的网络游戏、小说及其他形式的作品可以被改编、开发为影视作品、

* 管燕秋，北京电影学院现代创意媒体学院传媒管理系讲师，主要研究方向：知识产权（IP）。

舞台剧作品等，而这些影视作品、舞台剧作品发行上映后拥有巨大的观影市场，作为优质资源继而可以被深挖延伸向其他领域开发，将触角延伸至游戏、玩具、图书等多个领域，“一鱼多吃”，形成巨大的 IP 产业链，吸引影视资本大量投入。

一　中国电影 IP 发展基本情况

2015 年 IP 电影资源广泛，小说、综艺节目、漫画、民间传说、歌曲、广播剧、话剧等都可以被改编成电影，形式多样，百花齐放。很多热门 IP 被改编成电影并取得成功，在 2015 年电影市场上俯拾皆是，不一而足。

其中，知名小说 IP 改编的电影所占比重最大，数量最多，这是因为小说有厚实的故事基础，又拥有庞大的粉丝群体，电影上映前就有较高的期待值。2015 年，小说改编的电影数量众多，年初斩获高票房、好口碑的《狼图腾》就改编自知名小说，这部耗时 7 年的电影上映后获得一致好评，以 6.996 亿元票房收官。《狼图腾》的成功证明了 IP 电影发展之路的顺畅。年中大火的现象级动画电影《西游记之大圣归来》取材于中国四大名著之一《西游记》，《西游记》家喻户晓，孙悟空形象深入人心，这部影片斩获 9.56 亿元票房，满足了观众情怀，掀起一阵大圣热潮，是小说 IP 改编电影非常成功的案例，目前已确定拍摄续集。其他由小说改编的电影还有郭敬明导演的《小时代 4》以及青春爱情题材《何以笙箫默》《左耳》等，口碑见仁见智，但票房都一路走高，资本运作取得巨大成功。小说改编的电影中，值得一提的是 2015 年临近年末的“鬼吹灯”系列。《鬼吹灯》最初是网络连载小说，在网络上受到热捧，线上线下拥有数量庞大的粉丝群，这部小说同时被两大导演看好，分别拍摄成《九层妖塔》（票房 6.828 亿元）和《寻龙诀》（票房 13.73 亿元），票房均超过预期。

除小说 IP 外，综艺节目 IP 近几年也呈水涨船高之势。2014 年，由大型综艺节目《爸爸去哪儿》改编的电影可看作综艺节目改编电影的开端，2015 年，综艺节目 IP 有继续增长之势。在遍地开花的综艺节目中，被成功改编为电影的典型之作是《奔跑吧，兄弟》，上映后斩获 4.389 亿元票房。很多人认为这类作品只是把一期综艺节目搬上了大银幕，不能称之为真正意义上的电影，看法见仁见智，但从商业角度看，这类电影确实赚得盆满钵满，以后此类型的电影也越来越吸引资本，如 2016 年春节档的《奇妙的朋友》《极限挑战》等。

漫画 IP 也取得了新的发展，2015 年一部漫画 IP《滚蛋吧！肿瘤君》捷报频传，不仅取得了 5.1 亿元的可喜票房，而且影片改编的真实故事感动了万千观众，影片所传达的青春、阳光、乐观、正能量也获得业内业外的一致好评。除高票房、高口碑之外，本片还力压众多佳作，代表中国电影“冲奥”，这是对本片的嘉奖，也是对这一类型影片的肯定和鼓励。相信，今后会有更多的优秀漫画作品被改编成电影。

2015 年对于神话、民间故事 IP 的开发也有不少案例，我国历史悠久，文化积淀深厚，各种资源用之不竭。《捉妖记》自上映以来刷新和创造了 200 余项票房纪录，累积票房达 24.4 亿元，位居 2015 年中国电影票房榜首。《捉妖记》融合了民间故事《山海经》和《聊斋》中的神话故事，是一部优秀的 IP 开发电影。

还有一种较新的形式是将流行歌曲改编成电影，2015 年有多部流行歌曲 IP 改编成电影，《栀子花开》《爱之初体验》《一生有你》《睡在我上铺的兄弟》等流行歌曲改编的电影纷纷启动。这是一种创新 IP，由脍炙人口的流行歌曲衍生出一个个银幕故事。但因为歌曲改编电影难度大，一首几分钟的歌曲在其内涵、故事情节等方面明显欠缺，改编成 90 分钟标准片长的电影则显得张力不足，力不从心。

其他一些艺术形式也正在全力进行 IP 开发，一些网络短剧也被改编成电影，《煎饼侠》就脱胎于搜狐网络自制剧《屌丝男士》系列，《屌丝男士》系列在网络上拥有高点击量，有大量的粉丝基础，因此《煎饼侠》上映后虽口碑众说纷纭，但票房火爆，以 11.6 亿元票房完美收官。

以广播节目改编的电影《张震讲鬼故事之鬼迷心窍》、以话剧改编的电影《十二公民》《恋爱排班表》等新的 IP 形式的出现，加速了中国 IP 改编热潮。

从 2015 年票房排行（见表 1）中可以看出，全年票房排名靠前的几乎全是 IP 电影，原创电影比重非常小。

表 1　2015 年中国电影票房 Top25

排名	影片名称	类型	总票房（万元）	平均票价（元）	场均人次	上映日期
1	《捉妖记》	魔幻	243952	37	42	7 月 16 日
2	《速度与激情 7》	动作	242655	39	42	4 月 12 日
3	《港囧》	喜剧	161336	33	40	9 月 25 日
4	《复仇者联盟 2：奥创纪元》	科幻	146438	40	29	5 月 12 日
5	《夏洛特烦恼》	喜剧	144145	32	34	9 月 30 日
6	《侏罗纪世界》	动作	142066	38	33	6 月 10 日
7	《寻龙诀》	动作	137334	36	45	12 月 18 日
8	《煎饼侠》	喜剧	116014	33	39	7 月 17 日
9	《澳门风云 2》	动作	97474	39	37	2 月 19 日
10	《西游记之大圣归来》	动画	95635	35	34	7 月 10 日
11	《碟中谍 5：神秘国度》	动作	86964	33	26	9 月 8 日
12	《霍比特人 3：五军之战》	魔幻	76608	40	30	1 月 23 日
13	《天将雄师》	动作	74410	41	38	2 月 19 日
14	《终结者：创世纪》	科幻	72529	37	24	8 月 23 日
15	《狼图腾》	剧情	69956	39	34	2 月 19 日
16	《九层妖塔》	动作	68280	34	30	9 月 30 日
17	《蚁人》	科幻	67174	36	22	10 月 16 日
18	《末日崩塌》	灾难	62967	37	24	6 月 2 日
19	《恶棍天使》	喜剧	59707	30	46	12 月 24 日
20	《火星救援》	科幻	58668	37	24	11 月 25 日
21	《杀破狼 2》	动作	56035	36	25	6 月 18 日
22	《战狼》	动作	54444	34	25	4 月 2 日
23	《007：幽灵党》	动作	54206	32	28	11 月 13 日
24	《哆啦 A 梦：伴我同行》	动画	53028	35	22	5 月 28 日
25	《超能陆战队》	动画	52634	37	26	2 月 28 日

资料来源：EBOT 艺恩票房智库。

各种作品形式被改编成电影，这是电影 IP 的一个层面。从电影 IP 的另一个层面讲，是已经创作完成并投入市场的电影作品，依托娱乐产业细分市场的相关性和共生性，充分挖掘它的 IP 价值，纵横延伸开发 IP 的其他领域，实现 IP 价值最大化。在 IP 开发领域，以电影为核心，其次是电影同名或相关手游、电游，然后是音像、唱片、玩具、主题公园等，纵深联合，实现品牌联动。相较于好莱坞等国外比较成熟的电影 IP 产业，我国在 IP 资源开发方面发展缓慢，线上线下产业生态链尚未完全打通，仍处于初级阶段，然而，中国电影的 IP 开发意识正在增强，将来进步的空间还非常大。

二 当前电影 IP 发展中存在的主要问题

IP 开发概念席卷整个电影行业，势不可挡，并在近几年内成燎原之势，笔者认为有以下有几个原因。

首先，互联网、云计算、大数据等高新科技的迅猛发展，“互联网 +”思维已经渗透到人们生活的方方面面，多渠道、方便快捷的信息获取必将凸显和提高 IP 的重要性。很多 IP 电影由于有厚实的前期积淀，都达到了“未映先火”的效果。同时，大数据环境下，受众已经不满足于大银幕上的电影作品，而越来越要求能够全程了解电影创作的过程，并期望能够从影院走到现实，从屏幕观赏发展到线下体验，因此，IP 开发越来越成为电影产业链上非常重要的一环。

其次，近年来，有一些大 IP 电影取得了巨大成功，不仅取得了很高的票房和口碑，而且通过 IP 开发，实现了电影、游戏、歌曲、综艺等作品形式的转换，充分挖掘了 IP 价值。这类作品的火爆，刺激和吸引了大量的投资资本。

最后，国内电影受到国外相对成熟 IP 启发和鼓励。例如，好莱坞一些“系列电影”就是在高票房、高人气的基础上拍摄的续集系列。这些系列能够经久不衰，广受欢迎，就是因为其故事内容和塑造角色的成功，围绕内容和角色进行 IP 开发，在游戏、玩具等多个领域进行延伸，IP 商业价值也被源源不断地开发出来。如漫威动画的“美国队长”系列、“冰雪奇缘”线下产品系列等等，都印证了这一点。这些也给国内电影很大的启发，业内人士的 IP 意识已经被激发并不断增强。

电影 IP 现象是中国电影的一种进步。然而，不可否认的是，现在的 IP 电影存在明显的弊端。一是 IP 电影发展仍处于探索的起步阶段，稍显急功近利，容易出现一时过热终成泡沫的情况，干扰电影的正常取材。业内已经出现了“囤剧本”的现象，一旦 IP 风潮退去或剧本选择不当，资本就会面临很大风险。二是正如笔者前面所说，国内 IP 电影正处于发展的初级阶段，业内人才储备不足，行业精英更是凤毛麟角。面对排山倒海之势的 IP 热潮，很多业内人士不知该如何应对，仓促应战，盲目跟风，容易导致一着不慎满盘皆输，造成资本流失。三是资源开发力度不足，缺乏创新。如上文中提到的，目前 IP 电影中，由其他作品形式改编成电影的情况比较多，而电影创作完成后的后续价值还没有充分开发。另外，目前国内并不具备足够好的产业环境和足够多的内容储备，而资本急功近利，行业的实际水平和资本的期望值之间存在较大的差距，无法形成良性循环。

三 中国电影 IP 发展策略

未来几年，中国电影 IP 仍待进一步开发，IP 研发是中国电影的大势所趋。那么，如何充分开发电影 IP 价值，让电影成为优质 IP 就成为我们要研究的问题。

（一）增强作品的原创能力，打造优质 IP

任何时候，观众需要的都是深入人心的好故事和好角色，这是打造优质 IP 的前提，也是基础。刘慈欣的《三体》是 2016 年不可多得的优质 IP 之一。小说早在 1999 年就开始创作，但从 2015 年才开始正式走入大众视野，同名电影受到业内外人士的一致好评，成为品牌 IP。

（二）深挖共赢，实现 IP 价值全方位开发

娱乐产业各细分领域产品间具有很强的共生性和相关性，多个成功案例告诉我们，现在电影商业远远不满足于票房的成功，影院也不再是电影商业成功的唯一渠道，IP 资源的开发才是资本竞相追逐的目标，一部在影院大获成功的电影往往也能够在其他相关领域创造价值，实现价值最大化。原版小说和电影作品互推共赢，电影原声音乐催热唱片市场，电影同名游戏开发火热，电影植入广告实现共赢，电影角色玩具大卖，这些都是 IP 资源开发、多维立体转换的例子。在这一过程中，品牌的无形价值源源不断地被转换为真金白银，实现了资本共赢。更重要的是，这种互联共通的发展模式较之于以前的单一营销模式，有效地缓解了资本风险，减少了出现

资本和票房“一荣俱荣，一损俱损”的局面。同时，观众也能够提升自己的消费体验，增强电影 IP 的品牌概念，使品牌在消费者心中更加根深蒂固。

（三）着重人才培养，实现人才的跨界与换代

优质人才是助力电影 IP 开发的生力军。只有实现项目、资金、人才与渠道等行业资源联结，才可以优化资源配置，打造品牌 IP，实现 IP 价值的全方位开发。目前，电影 IP 发展步伐过快，这就要求人才资源储备尽快跟上发展的步伐，才能够更好地引领电影 IP 资源开发健康的发展。

（四）完善版权保护体系，增强版权开发意识，实现电影 IP 的充分延展

电影 IP 的健康发展，打造电影 IP 的良性生态环境，离不开规范的行业保护。2015 年，国家审议并通过了《中华人民共和国电影产业促进法（草案）》，《促进法》的出台，有利于规范电影行业秩序、提升文化产业水平、促进电影产业健康发展。

浅谈国产动画电影票房营销
——以《西游记之大圣归来》为例

王　萌*

摘　要： 本文以2015年中国动画电影的传奇《西游记之大圣归来》为例简要分析其成功的票房营销手法，进而从品牌策略、衍生品开发和全媒体传播三个方面浅谈该动画电影对整个国产动画电影市场票房营销的启发。

关键字：《西游记之大圣归来》　票房营销　动画电影

《西游记之大圣归来》（以下简称《大圣归来》）是根据中国传统神话故事《西游记》进行拓展和演绎的3D动画电影，影片于2015年7月10日正式上映，最终取得9.56亿元的票房成绩。在市场经济中，票房高低仍然是评价一部电影精彩程度的重要指标。《大圣归来》的票房虽然没有达到10亿元，但已经可以说是中国动画电影史上的一个里程碑。《人民日报》曾认为该片是中国动画电影十年来少有的现象级作品。分析其票房成功的原因，离不开它创新型的营销策略。

一　《大圣归来》的营销策略

一部动画电影取得了如此高的票房，一方面离不开作品内容层面过硬的品质，另一方面更离不开电影对市场的准确定位及其相对成功的票房营

* 王萌，北京电影学院现代创意媒体学院文学系秘书。

销策略。

（一）中国式情怀吸引“全年龄段”受众群体

《大圣归来》的电影世界观架构在《西游记》原著小说的基础之上，根据中国传统神话故事进行了新的拓展和演绎。从营销角度讲，《西游记》作为国人热爱的经典小说拥有广泛的受众基础，对传统经典名著的IP开发显然在票房营销上具有优势。作品未上映之前已经引起了“吃瓜群众”的热议：“好期待《西游记》改编的动画电影！”“这部作品和小时候看的《大闹天宫》有何不同？”“《大圣归来》改编自《西游记》小说哪一章节？”……不管是观众出于期待心理、比较心理抑或猎奇心理，这部作品显然具有未播先热的群众基础。这一点对于其高票房是功不可没的。

从创作层面讲，影片在塑造主人公性格的过程中更是格外注意主人公本身的自然本性和中国情怀，着重表现中国人特有的情感表达方式。《大圣归来》蕴含了中国文化的内核，将影片成功定位在“全年龄段”上，老少咸宜，让这部动画片作为一种新的叙事艺术也可以和成年人交流。

（二）做好点映带动电影口碑营销

类似于《钢铁侠3》这样投资2亿美元的大成本影片，一般这些影片的宣传费用会占到总成本的一半左右，而《大圣归来》的出品方透露，该片成本只有6000万元左右，可见它的宣传费用并不充裕。在宣传费用紧张加上暑期档上映竞争激烈的情况下，影片正式上映的排片量并不多，排片量少意味着极有可能发生排挤效应，在观众还没有发现影片好看的时候影片已经被下映了。

针对这一情况，《大圣归来》选择在影片正式上映前先进行大面积的点映，点映对象包括专业动画从业者、学生、企业人员等等。电影点映着重培养观众的参与感，每一场点映都会做追踪调查，听取观众意见，使影片更贴近市场，让每个人都成为影片正式公映前的传播种子。提前沟通也可以激发专业人士对国产动画电影的骄傲感，从而促使其积极点评、传播，让“种子”通过社交网络“开花结果”。

（三）电影衍生产品开发拉动票房

通过周边衍生品对票房产生实质性带动，《大圣归来》属于国内市场首例。《大圣归来》团队为电影主人公制作玩偶，把影片落实到一个具体的形象上。让观众看到玩偶就想到《大圣归来》。营销团队抓紧一切机会找寻有影响力的名人刷脸，送玩偶、录视频，《大圣归来》的主创者之一胡明一在上海电影节看到完全没有任何交情的大导演安德鲁·梅森，诚邀其观影并点评。安德鲁·梅森不仅看完了这部影片，而且对电影给出了很高的赞誉，博来了世界级导演的超预期背书。电影成功借助名人、热点事件烘托高度，得到推荐，同时通过衍生品对作品进行进一步传播，提高其影响力和话题度。这一营销策略也是值得借鉴的。

二 《大圣归来》的营销策略对于国产动画电影的启发

（一）动画电影的品牌策略

“未来竞争不是产品与服务的竞争，而是品牌之间的竞争，品牌将成为对观众最有号召力的工具。”① 美国迪士尼电影公司出品的电影的成功不仅仅是因为其拥有先进的技术，更重要的是其拥有自己的品牌。反观中国动画电影，往往缺乏品牌意识，也很难建立品牌形象。

“品牌是一种名称、术语、标记、符号或设计，或是他们的组合运用，用以识别某个销售者或某群消费者的产品或服务，并使之与竞争对手的产品和服务相区别。”② 在当今竞争激烈的市场下，品牌是一种无形的资产，在现在这个信息化的时代，品牌的附加值对电影的票房有着极其深远的影响。例如，迪士尼电影公司的《疯狂动物城》获得了15.3亿元的票房，迪士尼这个品牌推动了《疯狂动物城》在票房上的成功。反观同年上映的国产动画电影《大鱼海棠》，虽然也获得了很好的口碑，却仅仅收获了5.65亿元的票房。

相对而言，《大圣归来》能够取得较高的票房，在很大程度上源于对经

---

① 夏卫国：《电影票房营销》，中国电影出版社，2009，第200页。

② 〔美〕菲利普·科特勒：《营销管理》，梅清豪译，上海人民出版社，2003，第466页。

典名著“品牌效应”的再开发。看到“西游记”“大圣”相应的字眼，自然有大量的观众愿意为其买单一探究竟。但国产动画电影的品牌价值，绝不能仅仅满足于对于观众耳熟能详的经典“品牌”的再演绎再开发，未来更应在原创动画品牌上下功夫。近年来成功的动画电影如《捉妖记》《捉妖记2》，让观众看到了国产动画电影品牌塑造的潜力。

品牌可以让观影的消费者降低自己的选择风险，节约选择的时间，品牌赢得财富，这是市场的选择和历史的必然。国产动画电影的品牌塑造是一个系统的工程，也需要一定的过程。

（二）重视电影衍生产品营销

按照习惯的划分方法，通常把电影产品分为银幕产品和电影衍生产品。衍生产品是基于电影内容和知识版权衍生出来的一系列产品。国产动画电影根据产品的自身特点，结合消费者的买点，挖掘电影产品的独特情感属性，选择可以打动消费者的情感点，确立卖点。

经常有人称我们现在的时代是“明星时代”，这是我们这个时代最突出的特征之一，“明星”和电影之间的密切联系已然成为我们这个时代最普遍的现象，而电影人也充分认识到了这一点，2011 年钟继昌执导的《孤岛惊魂》上映，这部由杨幂、陈小春主演的惊悚电影，制作成本只有 500 万元，却拿下了 9000 万元的票房成绩，其中最大的功劳就在于杨幂的粉丝，有影迷在微博自发组织“晒票”活动，一位杨幂的粉丝称，自己三天看了六遍《孤岛惊魂》，就为了支持杨幂。国产的动画电影很难达到这样的“明星效应”。虽然动画电影没有明星，却可以利用电影衍生品来达到和明星同等的效果。大圣的玩偶、大鱼海棠的手办都可以让观众更愿意走进影院去观看与这些充满情怀和故事的衍生品有关的影片。

（三）电影营销重视全媒体传播

在全媒体时代，媒体的迅速发展也改变了国产动画电影的营销方式，现在的媒体环境给了国产动画电影更多的宣传机会和渠道。因此，电影营销需要重视新媒体渠道。

在整体的营销策略中，不难发现被广泛传播的事件，都是有规律可循的，这些事件背后都有一个关键点支撑，可以是一种愤怒的情绪，也可以是一种看客的心态。例如，微博、微信朋友圈大量转载、转发关于被拐儿童的信息，推动大家传播的情绪就是愤怒。某某明星的各种花边新闻，推动传播的则是娱乐和看客的心态。对于我们国产动画电影，类似《大圣归来》《大鱼海棠》则是利用一种寄托、一种期待、一种情怀。在动画电影全媒体传播过程中，找到合适的“营销点”对其进行广泛传播必然会对票房营销产生很好的助力。

来自国家电影专项资金办公室的数据显示，2017 年中国电影市场共上映动画新片 30 部，同比减少 9 部，2018 年上半年上映的国产新片不足 10 部。但是从票房以及观众的反馈可以看出，动画电影的数量虽然在减少，但制作的质量却是一直上升的。

看一部动画片也许不像看电影那样过瘾，但是绝对有趣。按照黑格尔在美学中关于艺术影响力的几种倾向的理论来看，动画更可以“强化人的心灵，把人引到最高尚的方向”。一部品质上乘的动画电影作品只有配合成功的营销传播才能带领更多观众认识其价值。

参考文献

田华真、李玲玲：《国产电影票房逆袭——浅析国产电影营销策略》，《现代商业》2013 年第 32 期。

媒体传播

浅析地市媒体推进建设“中央厨房”路径探索

李　杨[*]

摘　要： 推动传统媒体与新兴媒体融合发展，既是宣传政策的要求，也是市场生存的驱动，建立全媒体“中央厨房”成为媒介融合的创新之举，它不仅是媒体内容生产的神经中枢，也是一个实现内容创新、造就媒体创新型人才的平台。本文以《青岛日报》/青报网为例，初探“中央厨房”的实施路径，对其模式推广具有一定意义。

关键词： 媒体　“中央厨房”　《青岛日报》/青报网

“中央厨房”模式的融媒形态具有普遍推广意义，至少从目前融媒发展变革的各种探索实践形态中看，这种形态现阶段是最有效、最科学、最契合新闻传播规律的模式。地市媒体纷纷争当改革创新的先行先试者，积极探寻媒体融合发展的新路径。

一　地市级媒体建设“中央厨房”面临的困难

目前，许多地市媒体还停留在以报纸为本的传统思维中，对各种新媒体的传播形态和技术应用认识不深，对当前媒体生态重组、媒体运作变革所带来的影响估计不足。此外，媒体发展所必需的基础设施相对落后，发展的空间严重不足，新媒体技术建设滞后于人。新媒体人才十分缺乏更显

* 李杨，北京电影学院现代创意媒体学院财务处出纳。

突出：一方面成长中的新媒体人才因待遇和发展空间等不愿到地方媒体效力；另一方面自身的人才培养机制没有活力，造成新媒体人才奇缺。从行业环境和宏观政策来看，相对于中央和省级媒体，地方媒体建设“中央厨房”不管是在投入保障、人才支撑还是资源整合、技术开发等方面都不可比拟，需要共同搭建一个符合自身实际的经验交流和协作发展平台，获得更多的政策支持和体制资源，共同探索一条符合地市媒体实际的融合发展之路。

二 以《青岛日报》/青报网为例，初探“中央厨房”建设的实施路径

打通新媒体和传统媒体的一体化采编平台，改造新闻生产流程这项工作，从《青岛日报》/青报网全媒介平台成立之初就一直在做，只是后来被形象地赋予了一个中国人比较易于接受和理解的传统厨艺文化概念——“中央厨房”。

据了解，《青岛日报》自 2013 年 5 月着手一体化平台的建设，短短五年时间，它的媒介平台就已经发展成为拥有《青岛日报》、青报网、新闻客户端“青岛观”、《青岛日报》官方微信和官方微博的综合性全媒介传播矩阵，并搭建了“青岛创客联盟”“爱心陪伴”“青报读心”三大全媒介交互服务平台。现已构建起立足青岛、面向山东、辐射全国的“一报一网三端多平台”的综合型、全媒型、分众化的网络移动传播主阵地。受众群体迅速壮大到 600 多万人，有效增强了党报在新媒体生态下的传播力和影响力。

《青岛日报》/青报网首先推出实施了一体化考核体系，完成了《〈青岛日报〉/青报网一体化考核办法》和《〈青岛日报〉/青报网报网一体化交互流程》，完成了新媒体运行管理办法研究，研究完成了一体化组织、一体化运行、一体化考核的总体框架，对媒体“中央厨房”的认识也不断深化，主要抓了“四个再造”。

（一）理念再造：基于“中央厨房”的新闻生产理念创新

传统媒体转型，遇到的障碍首先是原有生产方式的惯性，即来自采编人员包括领导层在内的全媒体信息产品生产能力和生产方式的匮乏。因此，

想让“中央厨房”端出一桌好菜，必须从理念创新入手，从思想上对传统媒体人进行一场“观念革命”，以理念创新带动内容、技术、渠道创新，从而加速新旧媒体融合进程。《青岛日报》/青报网的“中央厨房”，确立了“报道流程平台化、报道内容定制化、报道方式故事化、报道数据可视化”的运行理念，打造“一体策划、一次采集、多种生成、多元传播、全天滚动”新模式。其核心理念是让媒体内容生产的全部人员，痛下决心，改头换面，运用互联网思维，以受众为中心，寻求面向全媒体时代的发展路径。

（二）组织再造：以“中央厨房”为契机推进媒体组织转型

互联网的组织形态，呈现典型的去行政、反壁垒、重一线、轻管理的特征。要求一线能量无限释放，要求普通员工享有生产制造的发现、设计、决断、生产的一切权利，建设平台型媒体，以此来适应快速变幻的客户需求。

《青岛日报》/青报网全媒介平台是一个平台型传播组织，拥有专业的记者、编辑、视频、技术和设计等队伍，以“原创的力量、更大的影响”为传播价值取向，致力于打造创意策划、媒介整合、线上线下、报网一体的综合性全媒介传播平台，资源整合能力强，社会影响力大。

（三）流程再造：借助“中央厨房”优化信息生产流程

面对传统媒体融合发展，以及商业媒体的冲击和挑战，《青岛日报》/青报网在“中央厨房”建设中，将流程再造视为重要的环节，这也是其转型的题中之义。新闻信息的流程，也根据项目要求实行流程再造。一是建立海量稿源的集中收集、存储中心，二是内容大数据挖掘与深度分析，三是用户行为数据与稿件内容结合，四是合作单位之间数据分享、分派，五是面向多终端的一稿多发。

（四）产品再造：树立产品意识，以产品导向代替作品导向，实现内容生产的市场价值

青报网于2015年4月正式改版上线，作为中共青岛市委机关报《青岛日报》的官方网站，承担着党网的重大历史使命，是党政、社情、经济、文化、社会各类资讯的综合型数据资源集聚平台，是个性化项目的资讯服

务和信息共享平台，是集报网融合发展、全媒介运营传播于一体的大数据支持平台，是拓展城市推介、会展旅游、电子商务等多业态、新产业的交流服务平台。

《青岛日报》新闻客户端“青岛观”是《青岛日报》正在着力培育和发展的重要传播阵地，于2016年2月16日正式上线。目前，客户端“青岛观”下载量已超过100万次，同时在《人民日报》客户端政务发布厅订阅用户达52万人，成为围绕青岛市委市政府中心工作、服务全市经济社会发展大局的青岛地区“新闻观察第一平台”。

此外，《青岛日报》微信公众号用户达65万人，平均阅读量稳居山东省纸媒微信号排行第一、全国第七。目前，《青岛日报》官方微信在选题、格式、制作、发布、传播、运营上已形成较完备的流程和规范，同时挖掘线下资源，壮大粉丝群体，聚拢线下社群资源，并实现传播、交互和运营的升级。

《青岛日报》官方微博粉丝达到130万人，作为《青岛日报》全媒体矩阵的首发利器，《青岛日报》官方微博承担第一时间抢发资讯的重任。目前，官微正在积极聚拢线下资源，构建政务联盟，梳理运营流程，从而实现微博端口内容和运营的升级。

三 《青岛日报》/青报网“中央厨房”的系统化、制度化完善

《青岛日报》/青报网“中央厨房”端出的佳肴不仅让众多新闻受众大快朵颐，还让其影响力不断扩张。然而，“中央厨房”的建设完善过程壁垒重重，建制难、常态化运作、同质化现象等问题，也是其建设发展过程中无法回避的问题。《青岛日报》/青报网正在从顶层设计、信息处理、传播模式、人才整合等方面，强化其“中央厨房”的制度化、系统化完善工作。

（一）顶层设计：从报道创新转向制度建构

“中央厨房”建制问题是其最大的障碍。因此，《青岛日报》/青报网建立的“中央厨房”在搭建全媒体平台后，打通了PC端、移动端、新闻客户端、微博、微信、自媒体等多种媒体，逐渐发展为全媒体形态的产品传播

矩阵。不仅在应用技术、生产流程等环节实现了革新，也逐步开始在顶层设计上建构相对应的运行制度。

（二）信息处理：从局部实验扩展到整体推行

重大主题采用“中央厨房”相对比较容易。这也是目前许多媒体正在努力尝试的工作。但是，“中央厨房”的实质是信息处置的常态化运行。这个问题相对就复杂得多。从特殊任务报道到搭建全媒体新闻平台，从局部实验进而到整体推进，“中央厨房”常态化已成为《青岛日报》/青报网的基本发展逻辑。目前，《青岛日报》的目标，就是推行“中央厨房”的日常报道机制，促使新闻生产更有效率、新闻传播更有效率，从而提升媒体的核心竞争力和影响力。

（三）传播模式：从广播式传播转为个性化定制

虽然“中央厨房”有节省人力、提升传播效率等好处，但全媒体强调的共享机制，可能会突出共性而淡化个性。《青岛日报》/青报网的“中央厨房”的信息内容建设在几种类别的产品中进行，强调了产品分类和个性化处置。在《青岛日报》/青报网整体推行“中央厨房”采编机制过程中，PC 网站主打功能性传播、“青岛观”App 强调移动化传播、《青岛日报》官方微信作为拳头产品主打深度传播、《青岛日报》官方微博主打即时传播，面对不同受众群，强化特定的传播效果。

（四）人才整合：培养全能型新闻人才

传统媒体的组织架构普遍较为冗杂，人力成本早已成为日常运营的主要支出之一。一个文字记者，可以凭借手机等通信工具，同时进行新闻事件的直播，兼负出镜记者、摄影记者、网络新闻记者的职责；而新闻编辑可以同时具备在各种互联网渠道平台发布新闻，甚至进行 H5 页面制作的技术能力。

在新兴媒体不断发展的现代社会，像《青岛日报》这样的地方级媒体应该充分认识到：“中央厨房”模式对新闻内容生产提出了更高要求，也让“内容深度”和“精准到达”和谐一体成为可能，全媒体化更是促进媒体转型发展、集成协作的必然趋势。全媒体化不仅是媒体机构内部的流程改造，而且是一个重新定义自己在媒体产业链条中新位置的“再生之旅”，需要不断探索，这也是媒体融合发展、再创辉煌的必由之路。

参考文献

徐世平：《东方网“中央厨房”的建设与实践》，网易新闻网，https://3g.163.com/news/article/CFLKCLCC000187VG.html，2017 年 3 月 16 日。

公共事件中的微博传播与舆论引导研究

焦　尊*

摘　要： 在网络出现以前，人们主要通过电视、广播、报纸、杂志传播信息。随着时代的发展，互联网不断进步，出现了微博、微信等众多新媒体，而这些媒体在人们的生活和工作中也日益普及。微博凭借网络的独特优势成为信息传播新的生力军。网络信息的普及性，让人们知道越来越多的公共事件。2016 年三星 Galaxy Note 7 手机爆炸事件受到了人们的关注。随着微博、微信上人们对事件的恶搞宣传，短短两个多月让此事件发酵到了极点。本文就如何对待公共事件的微博传播及其产生的舆论导向进行分析研究。

关键词： 公共事件　微博　三星 Note 7

引　言

微博 2006 年兴起于美国后，随着网络的发展渗透进人们的生活中。近年来微博在传播公共事件中起着极其重要的作用，公共事件通过微博这一新媒介将消息快速广泛地传播开来，同时产生巨大的舆论作用。由于微博在公共事件传播中的巨大影响力及其带有一定的舆论导向，越来越多的人开始对微博进行研究分析。三星 Note 7 事件从微博上爆发开始，到三星迫于舆论压力全球召回产品，短短两个多月事情发生了巨大的变化，而三星

* 焦尊，北京电影学院现代创意媒体学院文学系助教。

公司也因此资金损失高达近百亿元。这都是因为微博这个媒体传播的即时性、范围的广泛性，其产生的舆论压力促进事件解决。如此看来，研究分析微博在公共事件中的利用，将对社会、民生起到重要作用。

一 三星 Note 7 事件

2016 年 8 月 2 日，三星发布了 2016 年度的旗舰手机 Note 7。新产品一经发布就受到了大家的广泛好评。8 月 24 日，首次有韩国网友在网上爆料新买的 Note 7 发生爆炸，三星公司未回应，于 8 月 26 日开始在中国市场上进行预售。8 月 31 日第二次爆炸后三星公司宣布推迟出货，将对产品质量进行检测改进。9 月 1 日宣布正式召回韩国的 Note 7 进行电池维修或者更换，但在中国市场正常进行发售，因为中国国行手机未使用有问题的电池。9 月 2 日 19 点，三星公司在新浪微博首次回应爆炸事件，发布声明称在部分国家主动更换可能存在电池安全隐患的手机，但国行手机不在范围内，中国市场的消费者可以放心购买。随着 Note 7 上市爆炸事故不断增多，多国将 Note 7 加入“禁飞”名单，9 月 14 日我国多家航空公司也将其加入“禁飞”名单，网上还曝光了疑似禁止飞机乘务人员和乘客携带和使用 Note 7 的通知。10 月 11 日，三星宣布停产 Note 7，全球召回 Note 7 手机。从 8 月 2 日全球首发到 10 月 11 日停产召回，短短两个多月的时间，三星资产损失高达近百亿元。

二 三星事件的社会影响及舆论导向作用

三星 Note 7 这一旗舰机曾经是三星的希望和辉煌，一经发布就给消费者带来巨大惊喜，堪称“机皇”，预售量突破纪录，全球出现供货紧张。但从这款手机首次被曝出爆炸，三星对部分地区延迟出货，召回更换新机，随着爆炸数量增加，到最后不得不进行全面召回，并全球停止生产和销售，此举几乎将这款机子判了“死刑”。爆炸事件让三星企业形象严重受损，也成为三星史上最大的危机。从一开始三星不承认自己的错误，到最后全球致歉，整个过程充满了戏剧化。

在网络上看到爆炸的图片时，让人有不寒而栗的感觉。两次爆炸发生后，三星发布声明延迟出货，针对产品做问题检测，全面召回韩国40多万台手机进行更换或者维修，但9月1日中国市场的发售不受影响，称中国市场的国行机并未使用有问题的电池。9月2日，三星公司在首尔举行新闻发布会，移动部门总裁高东真就三星Note 7爆炸事件鞠躬道歉，宣布将在全球召回受影响的250万台手机，并声明停售已发行Note 7的十个市场（中国除外）。9月2日19点三星公司在新浪微博正式发表声明，称9月1日起在中国发售的国行手机不在召回范围内，理由是国行机采用不同的供应商，并不存在爆炸风险，不影响销售，中国市场的消费者可以放心购买。此声明发布后，引起中国消费者强烈不满，认为三星公司存在地区区别对待。在消费者强大的舆论压力下，中国国家质检总局14日正式约谈三星公司，交涉后三星最终备案召回计划。

中国市场上9月18日在网络首次曝出国行机爆炸的消息，上传者称使用时突然黑屏然后爆炸。随后三星和电池供应商ATL共同发表声明称爆炸的主要原因并非电池本身，推断是由外部发热引起的，是网友炒作，同时三星欲对其进行刑事诉讼。9月20日面对三星公司的质疑，首炸网友在网上回应称："请三星公关部就我对三星的名誉损害以及诽谤造谣提起诉讼，将我绳之以法！中国消费者维权就如此之难大家可见一斑，要冒着国际舆论和法律责任去申诉自己的权益，无语！"此言一出引起众多网友讨论、关注。同时深圳市消费者委员会对三星发送了公开质询函。自Note 7发生爆炸以来，三星一直以诚恳的态度解决事情，到中国却要起诉用户造谣，事情到最后难以分辨出到底是哪一方的过错。随着爆炸事件在网上愈演愈烈，9月29日三星首次公开向中国消费者致歉，称未完全考虑中国消费者感受，从未并且永远不会对中国采取双重标准，并引入第三方机构检测。而随着10月2日国行版六起爆炸事故在网上曝出，网友调查近七成用户表示不再使用三星。10月11日，三星宣布停产Note 7，并对已售出产品不再进行更换，正式召回国行机。

虽然三星Note 7手机停产了，但事件并没有结束。网上不断曝出因手机引发的飞机火灾和爆炸受伤事件。2017年1月23日，三星在首尔召开新闻发布会，公布调查结果，并向全球消费者、经销商和合作伙伴道歉。由此看出，新媒体传播的速度之快和舆论的强大作用，短短的两个多月之间，三星Note 7经历了从辉煌到覆灭的过程，最后以全球召回告终。虽然三星找到了问题所在，做出了处理并进行善后解决，但是三星多年辛苦建立起来的品牌形象却败光了。一个品牌的建立需要很长时间去积累用户和市场，但是要毁坏却只需要一件致命的事件，三星 Note 7 事件就是如此。这次三星爆炸事件被国内外媒体广泛报道，在受到科技圈关注的同时让段子手们也沸腾了，微博、微信上出现的诸多恶搞也让事件发酵到最高点。报道有正确的，当然可能也会存在曲解的，三星公司没有及时重视网络上出现的声音，没有及时站出来说明问题，造成事件在网上愈演愈烈，延误处理解决问题的最佳时机，导致三星品牌形象跌落到最低点，以后的产品前景堪忧。

此次事件体现出微博等新媒体凭借即时、共享和传播力广泛的优势在公共事件中充当重要角色。群众自身的意见和诉求出现在微博上，通过微博等新媒体将公共事件广泛传播，在微博平台上进行讨论转发，进而将舆论汇集到一起产生巨大的舆论力量。微博的舆论力量，维护了每个消费者的权益，并成功搭建了政府和群众之间联系的桥梁。

三　正确运用微博在公共事件中的舆论作用

微博作为最热门的网络社交工具，以交互式传播信息，发表自身意见和见解，然后通过意见的综合，找到最适合的解决办法，冲破自身思路的束缚。微博强化了公众的民主权利，丰富了舆论的渠道。通过微博等新媒体和微博群体形成民间舆论的阵地，要正确运用微博在公共事件发生时的舆论力量，积极信息的舆论要大力宣传，虚假信息的传播要进行消除，维护舆论环境的健康。

第一，政府要树立正确的微博观念，健全微博的法律体系。要正确认识到微博新媒体的崛起，充分了解微博的正反作用。政府要加强对微博的管理工作，建立科学完善的管理制度，通过制定一些条例来打击不法行为，杜绝不良和虚假信息的产生，防止谣言扩散传播。要在微博中积极交流，借鉴吸收舆论正能量，将微博作为政府和公众沟通的桥梁。

第二，微博平台要强化公共危机的管理机制。微博中公共事件信息的传播要做到明辨是非，判断对错。微博平台要制定严格的管理体制，提升微博用户的思想理念和素养，让微博平台发挥真正的价值。运营商要加强监控，防止不良信息和虚假信息的传播，确保微博的健康发展。

第三，发挥个人优势，净化微博平台环境。时下微博飞速发展，公众拥有丰富的信息量，微博用户要做到明辨是非，有独立的辨别能力，吸取信息中的精华，摒弃不良信息，不侵犯他人的隐私和利益，做一个遵纪守法的好公民。每个用户都要珍惜爱护这个平台，为微博环境的净化贡献自己的力量。

结　语

综上所述，微博在公共事件的传播中发挥着重要的作用，只有积极地运用微博的正能量才能促进社会更好地向前发展。本文三星 Note 7 事件里，消费者利用微博舆论的力量，迫使三星短时间内找出问题并解决，维护了公众自身利益。其他类似公众事件也要正确引导事件走向，发挥微博平台的真正价值。

参考文献

罗克研：《三星 Note“爆炸门”中国消费者遭区别对待》，《中国质量万里行》2016年第10期。

周庆安、张珂：《如何进行有效的舆情研判》，《新闻与写作》2015年第6期。

李昊青、兰月新、侯晓娜等：《网络舆情管理的理论基础研究》，《现代情报》2015年第5期。

季乃礼：《公众舆论与舆情的关系辨析——兼论舆情能否成为一门独立的学科》，《桂海论丛》2015年第1期。

陈艳红、宗乾进、袁勤俭：《国外微博研究热点、趋势及研究方法：基于信息计量学的视角》，《国际新闻界》2013年第9期。

教学研究

艺术院校学分制实践与思考

徐　雪*

摘　要： 实施学分制是适应科学技术的迅猛发展和社会主义市场经济发展对人才的需求，是改革教学管理模式、提高教学质量的必然要求。本文通过对我国高等学校学分制实施现状以及北京电影学院现代创意媒体学院实践情况的分析，为进一步推进学分制教学管理制度的实施提供参考。

关键词： 高等教育　学分制　教学管理实践

学分制是以选课为前提，以学分为学习计量的单位，以取得必要的最低学分为毕业和获得学位的标准的一种教学管理制度。在这种管理制度下，学生按照一定的规则，通过选课，自主安排学习内容和学习进程，以取得一定量的学分为毕业依据。实施学分制是适应科学技术的迅猛发展和社会主义市场经济发展对人才的需求，是改革教学管理模式、提高教学质量的必然要求。因为学分制的实施符合人才全面发展的规律、因材施教的教学规律以及调动教与学两方面主观能动性的规律，对提高教学水平和教育教学质量起到重要作用。现在，学分制已逐渐取代学年制，成为我国高等院校较普遍采用的一种既有严格管理又有利于调动教与学的积极性和主动性、既符合教育规律又生动活泼的教学运行机制。然而，一些高校在实施学分制过程中常常存在观念认识上的误区及实际操作上的偏差，应及时加以纠正，并进一步加强管理，以保证学分制的顺利实施。

* 徐雪，北京电影学院现代创意媒体学院教务处学籍科科长，硕士研究生，讲师。

一　高校学分制实施现状

学分制起源于西方，20 世纪初传入中国，20 世纪末在我国高校中掀起又一轮的学分制改革高潮，目前我国高校已基本推行学分制教学管理模式。纵观各高校实行的学分制，其基本情况有以下几种。

（一）没有突破“学年制”管理的限制

一些高校实施学分制时非但没有突破“学年”的限制，反而把“学年”作为学分制的前提，把总学分基本平均地分布在既定各学年的框架之内，每学年或每学期，学生只能在这样一个基本框架内进行“必修”或“选修”，只能修规定的学分，这样几乎不可能提前毕业。更有甚者，将学年制的课程百分计分制改为学分制的计分方式，并把这种教学管理制度改革称为实施学分制。在这种制度下，学生纵然十分优秀，也只能按部就班，专科生要修满三年、本科生要修满四年才能毕业，阻碍了弹性修业年限制的实行。

（二）没有建立健全选课制

虽然学分制已在全国许多高等院校中实施，但事实上，许多高校并没有建立和健全选课制。学生对于所开设的课程、对于任课教师，实际上处于别无选择的境地。不但必修课的比重大，选修课的比重小，学生选择余地和空间有限，而且开出的选修课在教学计划中名义上划属专业任选课、限选课模块，但实际操作时，往往根据师资力量等因素已替学生选定。因此，所谓的选修课实际上已变相成为必修课。有的学校甚至每一学期全班学生同一个课程表，所修课程、开课教师、上课时间、地点完全一致。学生无法根据自己的兴趣、爱好、特长进行跨系、跨专业选课，阻碍了学生的个性发展与创新能力的培养。

（三）教考合一，学分贬值

许多院校实施学分制已有相当长的时间，却一直没有建立试题库，教考合一的现象从学年制起延续至今。考前复习教师划范围现象普遍存在，考卷的题型、知识覆盖面、题量、难易度等没有统一标准，随意性很大，成绩评定也没有呈正态分布，学分及学分绩点的含金量大打折扣。可见，现阶段我国许多高校所实施的学分制，其本质上并不是真正的学分制。它并没有以健全的选课制为前提，更没有突破学年制的限制，只是一种名为“学分制”、形为“学年学分制”、实为“学年制”的教学管理制度，与学分制的根本宗旨相去甚远。

（四）配套制度不够健全和完善，配套设施有待改进和完善

学分制的实施不是孤立的，需要一系列的制度和设施相配合。而现在某些高校一方面相关的教学管理制度、人事制度、分配制度、财务制度等改革滞后，另一方面由于近几年各高校扩招、新校区建设，教学配套设施等不能满足学分制的要求，结果使学分制实施受到多方面的制约。

二　现代创意媒体学院学分制实施情况

2018 年现代创意媒体学院制定了学分制管理制度，计划在部分专业开始学分制试点。学院自 2011 年办学以来，遵循教育、教学规律，传承北京电影学院的优良办学传统，利用北京电影学院的优质教师资源，借助北京电影学院的社会影响力，办学特色日益凸显，办学质量逐年攀升，积累了丰富的教学经验。学院处于美丽的金沙滩畔，环境优美，占地 509.43 亩，规划建筑总面积 25 万平方米，各类教学设施齐全。为进一步加强学校的教学和教学管理，2014～2015 学年修订并完善了与学分制相关的各种配套管理制度。现代创意媒体学院无论是从硬件方面还是软件方面来看，已基本具备了实施学分制的条件。

（一）配套制度逐步健全和完善，相关配套设施基本得到保障

学院已建成教学楼、学生宿舍楼、研发培训楼、图书馆、综合楼等，占地面积达 10 万平方米。学院根据艺术类独立学院的特点，确定了建设国内一流的应用技术型影视高等艺术院校的办学定位，学院十分重视教育教学质量，教学仪器设备总额达 1.82 亿元，生均近 10 万元。学院图书馆面积近 4900 平方米，现有纸质图书近 16 万册、电子图书 2.1 万册、报刊 300 余

种，全馆阅览座位300席。学校相继出台并完善了一系列与学分制相配套的教学、人事、财务分配、后勤保障等制度，为学分制的实施创造了积极有利的条件。

（二）坚持“强综合、厚基础、重实践”的办学理念，培养专业基础知识牢固、综合素质强，具有创新精神和实践能力的应用型、复合型人才

第一，强化基础，拓宽口径。按照加强基础的要求，使学生掌握基本理论、基本知识、基本技能；在稳固基础教学平台的基础上，设置不同专业方向的课程，拓宽口径，更好地满足经济社会发展对人才需求的不断变化。

第二，调整课程的比例结构。逐步压缩必修课程，不断增设选修课，给予学生较多的选课空间。开设了40多门稳定的、高质量的选修课，以满足学生自由选课的需要，为学生在教师指导下的自我发展创造条件。

第三，学院努力践行应用技术型人才培养目标，建立起完善的实践教学体系。学生创作、采风、写生、调研等社会实践活动，在青岛美术馆举办毕业生摄影作品展，在青岛大剧院、青岛保利剧院、青岛理工大学、山东科技大学等地公演学生毕业大戏等已经常态化，并引起很好的社会反响。在培养方案修订中，学校始终注重学生实践能力的培养，统一规范了实践教学内容和学时数，设置了相应的实践教学学分。

三　关于艺术学院学分制实施的思考与建议

北京电影学院现代创意媒体学院作为一所以艺术教育为主的院校，在学分制实施的过程中，积累了一些有益的经验，也遇到了一些问题，笔者认为应从以下几个方面进一步完善。

（一）教学经费投入需进一步加大

学分制的实施，需要良好的教学服务设施、相应的师资配备、教师报酬的提高等，这些都亟须改变教学经费投入不足的状况。例如，学校开设了一定数量的选修课，但师资数量和教师的课时费没有改善，致使教师积

极性不高等，这些问题都严重影响了学分制的实施和教学质量的提高。

（二）进一步扩大选修课比例

学分制的核心是选课。目前学校的专业培养方案中选修课的比例不大，由于师资等，学生能够选修的课程不多，无法完全根据自己的兴趣、爱好、特长进行跨系、跨专业选课，在一定程度上阻碍了学生的个性发展与创作能力的培养。

（三）进一步加强师资队伍的建设

实行学分制，选修课的比例扩大，实践课程要求提高了，对教师的知识、能力、素质的要求也随之提高了，只能教一两门课程的教师将难以适应教学实践，面对选课制和选师制带来的压力和挑战，教师要进一步提高自身的教学水平和创新能力，不断学习新的知识，改善自身的知识结构，大胆进行教学模式、教学方法和手段、教学内容的改革和创新，提高开课能力，提高任教课程的吸引力。

参考文献

朱中华、唐洪等：《适应素质教育　建立中国特色的学分制》，《煤炭高等教育》2003 年第 1 期。

论多媒体教学与外语教学流派的结合

李　磊*

摘　要：随着计算机网络技术的不断发展，多媒体在外语教学中得到了越来越广泛的应用。本文结合当前主要外语教学流派的特点，讨论了多媒体教学在不同流派中的应用及体现。

关键词：多媒体教学　外语教学流派　大学英语教育

近年来，随着计算机网络技术的迅速成熟与国外先进教学法的不断引入，我国外语教育界无论是在教学方法还是教学手段上都经历了重大的变革。先进的多媒体技术与新颖的教学法相互支持、取长补短，逐渐被国内各大高校所接受。

一　多媒体教学

（一）多媒体教学的发展史

我国多媒体外语教学始于20世纪80年代，《外语电化教学》是第一本专刊。① 随后，一些专业团体和组织相继成立，如1983年中国教育技术协会成立了“全国高校外语院系电教资料协作组”。与此同时，全国各地还举办了一些专门针对外语教师的专题讲习班。随着我国改革开放的不断深入，到20

* 李磊，北京电影学院现代创意媒体学院基础部讲师，硕士，研究方向：大学英语教育。

① 申鼎顺、扈光辉、彭学勤：《大学外语电教理论及应用》，大连理工大学出版社，1989，第11页。

世纪 90 年代中后期，多媒体外语教学的水平和层次都有了很大的提高。这一方面是因为我国外语教学的物质条件较初期已有了很大改善，另一方面更是因为广大外语教学和科研工作者（包括专业出版社）已经对于切实提高中国外语学习者学习效率、突出语言应用能力等方面有了比较明确的认识。

经过三十多年的发展，如今多媒体教育进入繁荣时期。首先是开发了较为成熟的多媒体助学光盘，可在非联网的计算机机房或个人电脑上供学生进行单机自主学习，如上海外语教育出版社大学英语快速阅读系列助学光盘。另外，电子教案应运而生，专门针对教师课堂教学的实际需求而开发，更好地满足教师在大班上对主课文进行详解的需求，优于传统板书。基于校园网的学习系统也得到了很快的发展。

（二）多媒体外语教学的含义

1. 狭义多媒体外语教学

多媒体外语教学就是借助计算机设备和技术，将文字、图像、声音、视频等内容整合为统一的信号，通过同一终端提供给教师和学习者使用的一种教学方式。[①] 因此，笔者认为：狭义多媒体外语教学的核心就是以交互性为特征的计算机外语教学。这既是我们考察、讨论多媒体外语教学发展轨迹的立足点，也是我们进行科研采样的根本出发点。

2. 广义多媒体外语教学

广义多媒体外语教学其实就是以计算机技术为主导、涵盖多种媒体的教学方式：一方面教学主体借助多媒体光盘和网络教学资源获得学习内容；另一方面教学活动中也会吸取并发挥包括图书、磁带、幻灯片、电子白板、CD 等在内的多种媒体的特点和优势，形成合力，构建出真正意义上的立体化外语教学体系。[②]

二　主要教学流派简述

外语教学法是外语教学的一个重要组成部分，其本身又是一门研究外

---

① 高军：《计算机技术在翻译及外语教学中的应用国际会议论文集》，外语教学与研究出版社，2013，第 72 页。

② 庄智象：《外语教育探索》，上海外语教育出版社，2015，第 61 页。

语教学规律的科学。这门科学在语言学、教育学、心理学和哲学的理论指导下，经过广大外语教育工作者刻苦探索和不断实践，形成了教学方法上的不同流派。以下讨论的是当前比较提倡和流行的几种外语教学流派。

（一）听说法

20 世纪 40 年代以后，随着科技的进步，外语教学手段和设备有了进一步的改善；新的外语教学法如雨后春笋，蓬勃发展。听说法便是当时兴起的一种外语教学法。

在理论方面，听说法把结构主义语言学和行为主义心理学的理论应用到外语教学中，为该教学法奠定了语言学理论基础，从而使外语教学发展到了一个新的历史阶段。在实践方面，听说法与传统的教学法相比有很大改进，它克服了重读写、轻听说的倾向。

（二）视听法

视听法是 20 世纪 50 年代在听说法等的基础上利用视听手段的一种教学方法。视听法的目的是培养学生听、说、读、写四种技能。视听法把外语教学过程归结为刺激—反应—强化的过程，归结为图像和声音结合刺激视听感官，学生做出模仿反应，并进行反复强化训练，形成自动化习惯。语言和情景相结合能创造类似不用母语做中介的母语学习的过程。

（三）交际法

交际法创始于 20 世纪 70 年代初的西欧国家，为了在有限的教学时间里最大限度地提高教学效率，以适应社会对外语的多种需求，于是交际法便应运而生，并成为目前世界上影响最大的外语教学法流派之一。它的理论主要来自社会语言学、心理语言学和转换生成语法。

（四）自然法

自然法（the Natural Approach）是 1983 年由美国应用语言学家克拉申（S. D. Krashen）和西班牙语教师特雷尔（T. Terrell）创立的。该教学法的框架是建立在克拉申的第二语言习得理论和特雷尔多年教授西班牙语的实践经验之上的。克拉申和特雷尔称自然法为“传统的”语言教学法，这是指在不使用母语的前提下，在交际环境（communicative situations）中使用目的语的一种教学法。

三　多媒体教学与主要教学流派的融合

通过前面对国内主要教学流派的分析，我们可以发现，当今外语教学主要侧重于：（1）交际能力的培养；（2）真实语料的输入；（3）合作学习与自主学习。下面笔者从这三方面分析多媒体如何在教学活动中发挥其作用，帮助学生完成学习任务。

（一）交际能力的培养

交际法认为，语言教学除了要让学习者掌握一定量的语言形式，更重要的则是要让学习者通过运用所学语言来形成表达各种想法的能力。基于这样的理念，教师要提供真实的情境和创造外语环境，让学生主动地、创造性地去学习和运用语言。

根据具体的教学内容，利用多媒体技术创设的情境种类很多，如直观情境、推理情境、联想情境、语言情境和协作情境。情境的创设不仅可以丰富教学形式，提高教学效率，还能兼顾不同认知风格学习者的需求。创设情境时可以根据学生的认知特点，针对学习内容创设由个别到普遍的归纳推理情境，或由普遍到个别的演绎推理情境。利用多媒体交流工具，让学生扮演篇内角色，进行协同式、竞争式的学习，甚至利用网络与异地学生交流对话，营造逼真的语言环境，这种协作情境能培养学习者合作精神，促进高级认知能力的获得。建构主义理论认为创设的情境与个人经验、个人风格相近或相符时，有利于知识的理解和新知识的构建。

听说法的特征就是广泛利用现代化教学技术手段，根据刺激—反应—强化公式制定完整的电化教学体系。各具特色的电子媒体、丰富的承载和传播信息形式，通过多媒体信息处理和网络实时传输，把视频、音频、动画等结合起来进行模拟演示，以及智能化、交互式网络辅助外语教学技术的运用，使学习者可以在一个接近真实母语环境的虚拟世界中学习，在自然环境中习得外语。

多媒体高度交互的学习环境，方便了师生在活动中广泛交流、反馈信息，并随时调整课堂中心，实现角色互换。教师不再是课堂唯一的主宰，而是教学活动的参与者、指导者、促进者，学生也变被动接受为主动参与和探索，所有人都在互动中发挥一定的作用，有效地激发了学生的主动性和参与意识，促进了语言学习。

（二）真实语料的输入

自然法的输入假设阐明了输入与习得之间的关系：一是假设只涉及习得，与学习无关；二是人们通过理解稍高于现有语言水平输入而习得语言，即i+1（i指学生能理解的语言材料，1是不定数，指材料稍多于学生可以接受的数）；三是流利口语能力不能直接教出来，需要习得者通过理解输入、习得足够语言能力后自然形成；四是如果输入充分，输入自动包含习得者准备习得的语法结构。

克拉申认为，学生的语言流利程度不是通过教师的教授和学生的学习而获得的，而是学习者通过理解输入，获得一定语言能力（linguistic competence）之后自然出现的。

由此我们可以看到语料输入在外语教学中的重要性，为给学生创造一个充分的多信息环境，多媒体技术便被广泛地用于教学活动之中。外语多媒体课件把电视式的视听信息传播和计算机交点式相结合，集图、文、声、像于一体，创造出跨时空、快速度、丰富多彩、形象直观的信息，为教学提供了立体的、多元的形、音、义相统一的集合体，扩大了信息容量，提升了思维的密度。此外，多媒体信息的呈现方式多种多样，如静态的、动态的、分散的、合成的、视觉的、听觉的，可以通过多种传媒媒体以不同的形式将语言知识信息呈现给学生，使学生的各个感官在感知信息后，在头脑中形成多个相互联系的通路，以增强识记信息的线索，学生便能够借助多重感觉同时感知信息。再者，多媒体信息可根据学生的要求重复呈现和使用。

（三）合作学习与自主学习

1. 合作学习

随着语言教学从以教师为中心转向以学生为中心，从以传授知识为重点转向以学习者参与和培养知识构建能力为重点，小组学习或以任务为中心的学习模式重新受到关注。合作学习在这一背景下产生，并由于多媒体网络技术的普及而发挥了巨大的语言学习优势。合作学习的主要特征包括：①小组由典型的不同成分组成；②以任务为中心，适当分工；③合作者遵循一定的合作原则，相互信任，共同努力；④强调成员间交流、沟通，有利于综合能力的培养。

2. 自主学习

多媒体的技术支持和丰富的信息资源，方便学生根据自己的兴趣和能力选择适合自己的方式，进行发现和探索性的个性化学习。学习者积极主动地确定学习目标、自定学习内容、自定学习时间和地点，学习活动由学习者自身引发，学习任务的完成主要靠学习者本身的自觉性和主动性。网络课件提供丰富的课程资源，加上互联网本身具有的信息资源庞大、易于查询、便于检索等特点，给学习者构建了一个能够充分发挥其主观能动性进行意义建构和创新的学习环境。

多媒体还可以将自主学习和班级授课结合起来，目前已有此类优秀的多媒体辅助教学软件，如广州军区技术局计算机研究所蓝鸽等研发的“自主式反馈式语音广播教学系统”，学生单击主菜单上的“自主学习”进入自主学习界面，自行选择点播、答题、复听、跟读等活动，遇到困难时向老师“举手”提问，并在需要时随时切换回课堂学习状态。教师通过“权限设置”通道对学生实行监听，和学生保持联系，及时给予指导。多媒体辅助教学方便了学习方式的转换和选择，再配以学习信息反馈功能，真正实现了外语教学模式的突破。

结　语

多媒体技术结合新型教学方法给外语教学注入了生机和活力，开阔了外语教育的思路和视野，使外语课堂教学发生了革命性的转变，但是在享受多媒体教育带来的便利的同时，我们也不能忽视其弊端，正是由于其优越性，人们形成了过度的依赖性，过多地强调人机互动导致了教学中人性化的缺损或丧失。传统外语教学方式则能弥补这一不足，在传统外语教学课堂上，教师用语言向学生传授知识，通过表情、姿态、板书、演示、实物等对教学效果产生影响，并能够适应学生变化，督促学生学习，言传身教。基于两种教学手段的不同特点，教师只有把外语多媒体教学和传统教学手段有机地结合起来，根据不同教学内容选择恰当的教学手段，才能达到事半功倍的效果。

参考文献

胡隆：《计算机辅助外语教学——多媒体和网络的应用》，上海外语教育出版社，2001。

孙红：《基于现代教育技术之上的自主学习外语教学模式研究》，《徐州工程学院学报》2006 年第 11 期。

王东：《利用信息技术创设英语学习的情境》，《外语电化教学》2002 年第 2 期。

张志伟：《多媒体外语教学模式的思考》，《南阳师范学院学报》2007 年第 2 期。

郑声衡：《外语教学法主要流派评介》，《外语教学》1995 年第 1 期。

主动聆听世界的方式

——浅谈“听音分析”课程设计

叶　茵*

摘　要： 录音艺术专业学生需要掌握“主动”的聆听方式。培养学生有意识地去分辨声音的细节是“听音分析”课程教学的目的。本文针对课程的第一部分——频率听辨，从三个方面阐述此课程的教学方式方法，并总结笔者在教学过程中的经验与建议。

关键词： 分辨频率　倍频程　教学方法

录音艺术专业的学生需要掌握“主动”的聆听方式。所谓的“主动”是指有意识地去观察和分析听到的声音，并对声音进行判断。“听音分析”课程的目的就在于“分辨”与“判断”，让学生清楚地知道“听什么”以及“如何判断”。本文将从听音环境、听音设备及教学进程等方面探析掌握“主动聆听”的训练方法。

一　主动聆听

在我们关注世界的方式中，听觉相较于视觉并没有得到足够的注意。我们经常忽略声音的存在，如果不是声音出现突然的变化，或是特意地聆听，我们会轻易地忘记我们正处于多种声音覆盖的环境中。我们对声音的反应是人类心理的核心之一，声音能唤起我们对某一事物的联想，“会激发

* 叶茵，北京电影学院现代创意媒体学院录音艺术与技术系讲师，音乐学硕士。

所有一切与视觉、温度、口味有关的记忆与情感”。[①] 因此“主动聆听”是声频工作者专业素养要求的第一步。主动聆听的时间越长，注意到的东西就越多，所听到的声音也就越丰富。长期以来，我们的耳朵都能够捕捉到这些振动，只不过可能还没有习惯去关注这些声音。

声频工作者根据听到的声音做出判断，将此作为一种指引来改善音质。因此要求他们对声音的技术细节有判断力，把这种感受转化为技术判断和选择。对于学习录音艺术专业的学生来说，重要的是关于声音的拾取、混合与整形等过程。无论哪个过程都是在寻求最合适和优质的声音，尤其是在混合与整形的过程中，声频工作者寻求的是对乐器或声源相对平衡的控制方法。因此在每项录音中，对声音属性的思考和审听都是十分必要的，在音色、动态、总体平衡、声像等属性上进行技术耳朵的训练，感受声音的不同。技术耳朵的训练关注声频工程中常用的各种信号处理的性能、特点以及产生的衍生声音成分（包括均衡和滤波、混响与延时、动态处理以及立体声像）的特征。录音艺术专业的学习过程是同期（拾取）、后期编辑（混合与整形）的综合。如何从音效库里众多的声音中挑选出合适的声音是一个很繁重且需要技术耳朵的工作：什么质感的声音，应该处于什么环境中，还需要做哪些处理。声频工作者不仅要从千百种片段中选取出最合适的声音，而且要对声音特性做出迅速的判断，让自己的工作行之有效。

“听音分析”课程依据技术耳朵的训练目的，设置包括频谱平衡、动态范围、混响、失真及立体声声像的针对性练习方式，以提高听觉的关注度和敏感度，其中最基本的就是对声音频率分辨的训练。下文将对声音频率分辨训练方式方法进行阐述。

二　倍频程的听音训练方式

声频工程师对声音进行整形，就是使录制的声音素材在整体上达到适合的平衡，因此需要掌握声音频率成分的听辨能力，“并且充分理解频率成

---

① 〔美〕乔尔·贝克曼：《音爆——声音的场景影响力》，郭雪译，北京联合出版公司，2016，第16页。

分与均衡的物理参量（均衡频率、增益和 Q 值）的关系”。[1] “听音分析”课程是依照常用的音频处理工具来组织结构的，基础的重点是放在频谱的平衡——参量均衡上。

（一）训练声源的选择

为了表征物体振动的快慢，引入了频率的概念。一般来说，人的听觉器官可以感受到的声音频率范围在 20Hz ~ 20kHz。我们不需要对每个频率进行具体分析，为了方便，一般将听阈分为几个段落，每个段落称为频程。如果每个频程的上限频率比下限频率高一倍，即频率比为 2，这样划分的一个段落称为 1 倍频程。于是听阈范围可划分为 10 段倍频程。我们的听音训练就是将 10 段倍频程进行一定的提升与衰减，以此达到对频率进行改变的分辨训练。

粉红噪声是自然界中最常见的噪声，是最常用于声学测试的声音。粉红噪声每倍频程功率相同，因此听上去从低频到高频具有等量平衡的感觉。利用相同的能量的信号进行练习，可以确保一个频率上的变化听上去可能与其他任何频率上的变化相似。本课程是将粉红噪声的十个频段提升或衰减 12dB，让听音者辨析这些变化，并以此做出判断。在训练的进阶阶段，也会使用音乐素材进行听辨。音乐素材的选用标准没有特定的要求，但出题者必须考虑此段音乐素材是否适合进行某一频段的提升或衰减。比如一段鼓组的打击乐片段，其本身就不占据高频区域，此时若改变 8000Hz 以上频率，听感上没有任何变化效果。因此出题者需要根据音乐素材本身所有的频谱设定频率的变化范围。

（二）还放系统的选择

在听音之前，还有一件重要的事情就是需要了解声音还放系统。虽然声频工作者主要关注的是通过扬声器还放出来的声音，但还放系统的选择对于听音训练还是有一定的影响的。选择耳机还是扬声器，对声音的细节听辨会产生一定的影响。影响音频信号频谱平衡的感知因素主要有三个：

---

① 〔美〕科里：《听音训练手册——音频制品与听评》，朱伟译，人民邮电出版社，2011，第 23 页。

监听设备/扬声器、室内声学条件以及声压级。每种类型和型号的监听设备或扬声器都具有各自的频率响应。因此在练习之前应该对所使用的监听设备进行校准，以保证听音训练过程中不会被设备本身的频率响应干扰。

在声音系实际的课程进程中，学生在课堂上使用扬声器还放进行训练，课后的练习则使用耳机。相对于扬声器而言，利用耳机来进行训练既有优点也有缺点。其实高质量的耳机可以比扬声器提供更高的清晰度和更多的声音细节。其中部分原因是耳机重放不受听音空间的声学特性（比如房间的早期反射和简正模式）的影响。其缺点则是对于单声声源而言所固有的头中定位效应。[①] 这对均衡听辨的影响较为小，但对于之后的空间感属性的听音训练则有很大的影响。目前市场上推出了许多非常适合技术耳朵听音训练的优质耳机。在购买耳机前，最好通过重放一些自己所熟悉的音乐录音来比较不同耳机之间的差异，并从中发现每种耳机的长处和不足。

（三）听音训练的方式

“听音分析”课程使用的是“*Goldenear*”听音训练素材。

根据上述听音条件的限制，需要注意的是在实际授课时，除了还音设备外，还应考虑听音环境对听音训练的影响。“从本质上来讲，扬声器和听音环境的作用相当于是滤波器，它们会改变所听的声音。”[②] 由于房间的简正模式会影响声音低频范围，再加上驻波的问题，本课程的训练是在经过声学处理后的教室中进行的，相对来说具有了较为良好的听音环境。但由于学生座位分布的不同，不同学生在听音过程中对某些频率辨识的程度存在差异。

“*Goldenear*”教程中将粉红噪声或音乐素材在 10 段倍频程上进行 12dB 的提升或衰减。声音重放系统的重放声压级在对频谱平衡的感知方面起着重要的作用。根据弗莱彻 - 芒森等响曲线，人类听觉系统的频率响应与重放声压级之间的关系是存在大幅度变化的。一般而言，人耳对中频的敏感度最为强烈，在同等声压级的条件下，人耳对中频的感知高于低频和高频。

---

① 〔美〕科里：《听音训练手册——音频制品与听评》，朱伟译，人民邮电出版社，2011，第 16 页。

② 〔美〕科里：《听音训练手册——音频制品与听评》，朱伟译，人民邮电出版社，2011，第 28 页。

本课程中所听辨的声音素材还放声压级恒定为75dB。在判断的过程中，总体的差异性较小。

教程中的听音素材使用的是图示均衡器改变频谱。图示均衡器只能对给定的频率进行一定量的提升，并且每个频段提升或衰减的带宽或Q值是预先设定好的，因此听音素材的变量只有增益。同理，在自制的听音素材上，也同样使用图示均衡器，以此来达到训练的目的。

训练开始前均有热身“warmup”。教程将10段倍频程分为三个部分，其实是按照低频（31～500Hz）、中频（250～4000Hz）、高频（1000～16000Hz）进行训练的。这样的划分方式也将中低频、中高频融合在一起，并没有细分。热身部分是先让听音者熟悉每个频段的变化。教程中的变化规律是：前三秒为正常声音素材，随后进行提升或衰减12dB，持续4～5秒后，又恢复正常。听音者必须集中注意力，在前三秒时记住正常素材的听音感受，依据提升或衰减的听感变化，迅速判断出何种频段发生改变，尤其是衰减部分。之前谈到的等响曲线说明人耳对低频和高频的灵敏度不是很高，因此衰减时所产生的听感变化并不是十分明显，而且在练习时，先听辨提升的部分，再听辨衰减的部分。

在听辨粉红噪声的过程中，需要学生将提升的声音片段进行形象化描述。比如，提升125Hz频段时，可以将听感描述为地铁的轰鸣声，或者提升8000Hz频段时，将听感描述为“嘶”声，以此来记忆。

另一种听音素材是音乐。教程中所使用音乐片段的训练例子有一定的难度，在实际授课中，往往需要老师制作合适的音乐听音素材练习片段。选择音乐片段时，应考虑音乐整体的频谱分布，而且在改变频段时应注意音乐素材是否适合某一频段的提升或衰减。

与粉红噪声相同，听辨的过程也是将听感进行主观描述，以加强记忆。比如500Hz频段提升时，音乐素材会变“闷”，产生“罐声”。由于音乐素材拥有不同的乐器，每样乐器频率范围不尽相同，提升某一频段，可能不会受到影响。在听辨过程中，要求学生在素材还未变化的几秒钟时间里记忆此段音乐低频、中频和高频各有什么乐器或人声存在。比如一段音乐素材中包括男声、底鼓、吉他、铃鼓，我们将这段音乐大致分为上、中、下三层：底鼓和吉他的泛音在下层（低频），男声和吉他的基频在中层（中频），吉他弦的金属声和铃鼓在上层（高频）。当提升了某一频段时，我们听到处于低频的底鼓没有受到影响，处于中高频的人声部分只在唇齿音的部分发生变化，吉他和铃鼓的金属质感得到提升。以此能迅速地判断出是高频得到了提升，而且可以将范围框定为4000Hz至8000Hz的频率发生了变化。

“训练的关键一点就是要坚持每天进行有规律的短时间练习，或者每周几次的练习。每次的训练时间以十分钟至十五分钟为宜。这样可以避免时间过长带来的听觉疲劳。”① 本课程设计为每周练习90分钟。在课堂上，进行四个部分练习，每部分练习时间为15~20分钟，其中包括核对答案的时间。学生在一开始觉得较为疲劳，尤其是在听辨粉红噪声时，经过低频部分的适应性练习之后，学生逐渐适应了这种精力高度集中的练习模式。这样每周进行有规律的练习要比偶尔长时间的练习更为有效。但是想要对听觉有更敏锐的锻炼，还需要学生在课后用一定的时间进行巩固和加强。

当完成十个频段提升或衰减后，练习的难度会加大。练习中不再提示听音者声音素材是提升还是衰减的改变。这就要求听音者在听到声音素材时，首先要判断是发生了何种改变，然后再判断在何种频段上发生了这种改变。这要求听音者在短时间内迅速做出判断，因此需要听音者在之前的练习中能够拥有稳定的听辨记忆。在此项练习中，更困难的是将“无变化”作为选项之一，听音者面临“听不见变化”和“无变化”两种选择。当然这也要求出题者将这两种情况加以细分，否则会出现还放系统的限制导致的“听不到变化”产生的错误选项。

此外，声频工作者还应该对所听的音频素材进行迅速的判断。加快判断的速度是进一步训练的重点。每道题之间的停顿时间在训练过程中逐渐缩短，以此助推听音者的判断速度和听觉记忆。“人类的大脑倾向于将事物归纳成类型。声音事件中的要素在活动的状态或水平上通常也会倾向于形成固定的模式。”② 声音没有形态，对它的感知需要及时进行捕捉，尤其是对声频工作者而言，必须辨识其细节，更是难上加难。因此训练的过程中除去单独片段的练习，还需要进行长素材迅速判断的加强练习。

---

① 〔美〕科里：《听音训练手册——音频制品与听评》，朱伟译，人民邮电出版社，2011，第33页。

② 〔美〕莫伊伦：《混音艺术与创作》，吴潇思、熊思鸿译，人民邮电出版社，2009，第89页。

三　听音建议及教学总结

首先，本课程安排在大学一年级的第二个学期，学生对于一些专业术语和知识尚未掌握，在课程的一开始需讲授相关知识，并且对课程的目的和训练目标要解释清楚。这是基础训练的课程，有些学生在学期进行一半时甚至都不清楚为什么要把粉红噪声作为训练声源，对最终的训练目的也很模糊。也可以在训练一定量之后，采用一些存在问题的学生同期或后期作业，让学生从中找出频率上需要修正的问题，以此来明确课程训练与实际应用的联系。

其次，在课堂上的练习时间应以 20 分钟为宜。学生的注意力高度集中在这 20 分钟内，能高效地完成练习。但超过 20 分钟，不仅注意力下降，听力的疲劳感也会出现。这时应适当休息 5 ~ 10 分钟，再继续进行。此外，还应让学生注意听力的保护，避免长时间处于过高音量的声音环境中。

最后，为了更好地巩固听感，需要学生在课后进行相应的练习。建议学生将自己熟悉歌曲的无损音频作为素材，主动地聆听这些歌曲的声音信息，然后在播放器自带的图示均衡器上，进行 10 段倍频程 12dB 增益的提升或衰减变化，注意听辨之间的不同。

经过一段时间的练习，我们会发现对声音的认识不再停留在“听到”层面，而是能将它们分层。再听见声音，无论是雷声还是音乐，它们在我们的脑中都会呈现不同的感觉层次：上层的“金属”“亮色”、中层的“温暖”“饱和”，以及下层的“稳定”“厚重”。这时我们感受到了声音更为丰富的细节，走进了一个更为多样化的声音世界。

参考文献

〔美〕科里：《听音训练手册——音频制品与听评》，朱伟译，人民邮电出版社，2011。
〔美〕莫伊伦：《混音艺术与创作》，吴潇思、熊思鸿译，人民邮电出版社，2009。
〔美〕霍尔曼：《电影电视声音》，王珏、彭碧萍译，人民邮电出版社，2015。
〔美〕迈尔斯：《现代录音技术》，李伟译，人民邮电出版社，2013。

影视艺术高校新媒体专业建设研究
——以北京电影学院现代创意媒体学院网络与新媒体专业为例

阎晓娟*

摘　要： 随着互联网技术的迅速发展，许多高校开设了网络与新媒体专业。本文通过探究影视艺术高校新媒体的专业理念、人才培养方案、课程设置和师资队伍建设等问题，提出影视艺术高校的新媒体专业建设应依托自身的优势，培养视听产品的新媒体运营人才和管理人才。

关键词： 新媒体　专业理念　课程设置

网络与新媒体专业是一个全新的专业，也是发展很快的一个专业。网络与新媒体专业于 2012 年得到教育部批准建立，截至 2016 年底全国已有 124 所高校开设了该专业。由于新媒体影响到了很多专业，各高校都将新媒体渗透进自己已有的优势学科和专业中，根据自己的情况和基础来办。目前开办的各类新媒体专业，大多从技术、艺术、新闻传播和管理这四个角度来设置。北京电影学院现代创意媒体学院是北京电影学院开办的一所独立学院，在专业设置方面既传承北京电影学院又有所创新。近几年新媒体产业的发展态势迅猛，并且与影视产业的互动和融合日益密切，同时新媒体专业的建设和人才培养的步伐日益加快，因此传媒管理系于 2012 年在原有的文化产业管理专业之下开设了新媒体管理方向，2016 年在此基础上申

---

* 阎晓娟，北京电影学院现代创意媒体学院传媒管理系讲师，主要研究方向：网络与新媒体。

报了网络与新媒体专业并得到教育部的批复，从2017年开始正式招生。

在开办与建设网络与新媒体专业的几年时间里，我们一直在思考几个问题：作为影视艺术高校开办的新媒体专业应当如何定位，如何办出自己的特色？我们要培养什么样的人才？我们的师资队伍应当如何建设？带着这些问题，我们循着专业理念定位、培养方案制定、课程设置和师资队伍建设的路径来探讨网络与新媒体专业的建设问题。

一　专业理念定位

网络与新媒体的专业理念既新也不新。说不新是因为大学本科教育有其固有的职责和使命，而且专业理念也不能独立于学校的理念。“强综合、厚基础、重实践”是学院开办时确定的办学理念，旨在为电影产业输送应用型的人才。因此我们的网络与新媒体专业要以学生为导向，培养应用型人才。说新是由于新媒体已经渗透到社会生活的方方面面，与社会、生活、工作和每一个人都息息相关。网络与新媒体专业有着广阔的发展空间，它在未来将不再是单一的专业，而是会变成人类的一种基本能力。在这样的局面下，新媒体教育离不开全新的思维和前瞻性的理念。

（一）以学生为导向的理念

制定专业培养方案首先要定位自身的专业理念，也就是这个专业要教什么、培养什么样的学生。新媒体教学也是大学教学的一部分，而大学最根本的职责是培养学生。以学生为导向的理念是我们首先要明确的。纵观全国乃至全世界的知名大学，往往是专业越好，以学生为导向的理念越重。

以学生为导向最核心的问题就是教和学的问题。大学本科教育不同于技能培训，除了职业技能训练，还要注重学生通用素质和职业素质的培养。此外还要偏重一些宏观、务虚的知识，偏重导论和方法论的教学。新媒体技术和应用发展变化非常快，如果某一块儿教得太多太实，一旦这个技能被替代，学生所学将没有用武之地。网络与新媒体专业的建设要与新媒体产业的发展建立关系，要关注产业的应用前沿和技术发展趋势，课程、科研和人才培养的方向都应该与产业的发展密切相关。新媒体自身经过了概念、技术、应用、营销几个阶段，网络与新媒体专业的定位要与新媒体发展的阶段吻合，而我们的网络与新媒体专业跟进的是营销这个阶段。掌握了这些原则，才能将以学生为导向的理念落到实处。

（二）前瞻性理念

新媒体是一个全新的专业，它的人、事都很年轻，概念本身也很年轻。这就势必造成很多东西还不清晰或是时刻在变化。前期的积累不足，再加上在技术的驱动下变化非常快，差不多五年就要经历一次知识的全面更新。所以人才培养方案如果按照以往的用人单位人才需求标准来制定，就会使得毕业生在知识与技能上落后于行业的发展水平。

目前国内的新媒体教育通常是教师先去业界调研，总结他们的实践经验后再传授给学生，教育远远滞后于业界的实践。中国传媒大学新媒体研究院院长赵子忠教授在美国麻省理工学院（MIT）考察时发现，其媒体实验室在做的是人们十年后做的事情，如分子雕刻、生物网络设计等。其研究人员只负责把它研究出来，后面自然会有企业来对接。[①] 教授只负责创新想法的提出，而由业界来实践这些想法。这样的做法保证了专业教育走在产业实践的前面，保证了人才培养的超前性。因此新媒体教育要树立前瞻性的理念。

我们强调学生基本技能的训练和对产业应用前沿的发展动态的了解。此外面对新媒体不断的、快速的变化，我们还要教学生如何用发展的眼光看问题，遇到新的东西如何快速跟进。这是网络与新媒体专业非常重要的一种教育方式。没有好的专业理念或是理念过于庞杂，无论是在专业设置方面还是课程设置方面都会遇到很多问题。多线作战、没有重点，也不知最终专业会办成什么样。

二　专业开办模式

在理念厘清之后，更具体的是专业基础和开办模式的确定。由于新媒体影响到了社会的方方面面、很多专业，因此各高校都是根据自己的基础和情况开办，将新媒体专业渗透进已有的学科和专业中。

---

① 陈磊：《新媒体人才培养，大学缘何慢半拍》，《科技日报》2014 年 10 月 12 日。

（一）专业基础

专业基础方面，目前开办的各类新媒体专业大多从技术、艺术、新闻传播和管理这四个角度来设置。

首先，技术类的新媒体专业大多从原来的计算机软件、信息工程等专业演变过来，这类专业是最能直接感受到什么是新媒体的，但同时也是最先遭到淘汰的。技术的学习往往要经年累月，投入四年的学习后这个技术可能就不见了，需要再去学习新的技术。很显然，作为影视艺术类的高校，技术不是我们的专长。但了解技术的架构以及新媒体技术是如何商用的却是非常必要的。

其次，艺术类的新媒体专业一般是在艺术设计专业基础上开办的。艺术设计本来是用纸和笔完成的，后来出现了各种软件如 Photoshop 之类，设计也逐渐由鼠标代替了纸笔。当新媒体发展起来后，出现了利用电脑、网络、数字技术等作为媒介的艺术创作方式，因此新媒体艺术专业开始设立。

再次，在传统的新闻传播专业基础上开办网络与新媒体专业是很多以新闻传播为特色专业的院系或学校的选择。新媒体本身就有媒体属性，因而具有传播性。新媒体的发展壮大对传统媒体的生存和发展形成巨大冲击，打破了原有的传播格局，同时也对新闻传播教育和人才培养提出新的要求。在这样的形势下，中外高校的新闻传播专业纷纷推动教学改革，为媒介融合和新媒体的发展培养人才。

最后，在新媒体的营销、管理的方向也出现了构建网络与新媒体专业的想法。在产业层面，无论是企业和组织的内部管理、外部运营，还是产品的策划、营销，已经越来越多地开始使用新媒体的技术和渠道。因此许多管理学的专业也纷纷开办网络与新媒体专业。由于我们的网络与新媒体专业下设在传媒管理系，并且是依托北京电影学院管理系的特色开办的，因此我们的专业基础是管理学。

（二）开办模式

目前，网络与新媒体专业的开办模式大致有三种：一是办成纯技术、纯艺术、纯管理或纯传播专业；二是选择交叉联合，比如计算机科学与艺术设计联合，开办数字媒体艺术专业，计算机科学与管理联合，开办互联网金融或新媒体营销专业；三是办成导论和方法论的体系，注重方法、基础和理论的训练。对于理论和实践的关系、业界和学界的关系、应用和学习的关系、融合和专业的关系，每种模式都在不断调整和取舍。

北京电影学院管理系的专业特色是对影视产品从前期的策划、投资、制作到后期的发行、营销和放映进行有效的经营管理。开办网络与新媒体专业之后，我们保留了影视艺术和管理营销原理两大模块，加入了新媒体管理方法论的模块，形成了自己的办学特色，即探究传统的影视产业如何利用新媒体的工具和渠道进行经营管理，以及新媒体视听内容如何进行策划和运营。

（三）人才培养目标

目前国内新媒体人才培养的方向大致有三个：新媒体传播人才、新媒体产品设计人才、新媒体经营管理人才（即产品经理）。围绕专业定位，我们的人才培养目标是：为新媒体产业与影视产业融合的领域培养既懂得视听产品的运营规律又熟悉网络与新媒体相关知识和技能，具有专业视听艺术修养，具备内容策划能力和运营能力的复合型管理人才（产品经理）。产品从创意到面世，所有相关的市场调研、产品研发、融资、编制预算、组织生产、媒体运营、市场营销等，都由产品经理掌控，因此他必须具有很强的综合能力和实战技能。

三　课程体系设置

办学模式和人才培养目标确定之后，接下来非常重要的事情就是培养计划的制订和课程的设置。这是办学的理念、想法能够落地实施的重要环节。我们花了很长的时间做专业设计，也聘请了国内外专家反复研讨课程的设置，课程到底怎样开，开成什么样才有意义。

2013 年 6 月，我们聘请了中国传媒大学新媒体研究院院长、博士生导师赵子忠教授，上海交通大学新媒体研究院院长、博士生导师姜进章教授，中国社会科学院研究员杨瑞明和刘瑞生等几位专家来帮助我们设计课程，确立了基本的课程逻辑和框架。2016 年 12 月，学院邀请了上海交通大学的姜进章教授，暨南大学谭天教授以及来自腾讯视频、卡梅隆（中国）的业界专家共同研讨网络与新媒体专业的定位、课程设置和实践教学模式。

（一）课程体系

一年级是通识类的课程和学科基础课，除了通用素质的课程，一年级的专业引导非常重要，关系到他们是否能培养起对专业的兴趣。因此我们用创作日这样的实践课来提高学生对专业的兴趣。

二年级是专业基础课和部分专业课，我们设计了两门核心课，通过核心课把专业理论和方法论串起来，打通 4 年的专业学习，这样课程的逻辑就建立起来了。

三年级我们加重实践课的比例，让学习能跟一线的应用对接。因此我们也建立了新媒体实验室和 VR 实验室，开发了网络直播项目和学院公众号运营项目。在此基础上，我们计划与业界进一步合作开展实践教学。

四年级是毕业实习和毕业论文的写作，此外还有一门很重要的课——就业指导，告诉学生该如何写简历、如何应聘。

（二）通用素质与职业素养课程

通用素质的培养是大学教育的基石，是大学教育不同于技校、培训班教学的重要环节。首先，我们开设了“艺术概论”“影片分析”“艺术创意”等课程，培养学生的艺术素养和审美水平。其次，我们开设了“统计学原理”“数据分析”“新媒体技术与商业运用”等技术类课程，有助于提升学生的科学素养，开阔学生的视野，帮助学生把握科技发展趋势，提升技术认知和使用能力。① 最后，在社会学素养方面，我们开设了“社会心理学”“新媒体与社会”等课程，让学生更加了解人与社会。

在课程设计的过程中，我们反复问自己一个问题：媒介从业人员基本的职业素养是什么？上海交通大学的姜进章教授曾经说过，学校培养的是必然，社会培养的是偶然。那么我们的必然就是培养具备良好职业素养的新媒体从业人员。

新媒体的本质特征是技术的数字化和传播的互动性。② 此外，新媒体具

---

① 匡文波：《关于新媒体核心概念的厘清》，《新闻爱好者》2012 年第 19 期。

② 彭兰：《再论新媒体基因》，《新闻与写作》2014 年第 2 期。

有“江湖”特质的文化属性：开放性、分权性、共享性、容错性和戏谑性。[①] 这些对新媒体特质的分析说明新媒体从业人员应具备不同于传统媒体时代的职业素养。面对这样的变化，我们开设了“网络传播学”、“网络行为心理学”、“媒介素养”、“新媒体概论”和“传媒道德伦理与法规”等专业基础课程，培养学生的职业素养。

（三）核心课程

我们设计了两大核心课程——“新媒体管理”和“新媒体与影视”，通过这两门课程建立起整个专业课程的体系和逻辑。“新媒体管理”课程包括新媒体管理、产品设计与运营、内容管理与互动营销、传播效果测评等内容，“新媒体与影视”课程包括视听新媒体的创意与策划、视听新媒体的经营管理、新媒体与影视管理等内容。“新媒体与影视”是凸显我们风格的一门专业课，目的是探讨影视产业从融资、策划、制作、发行营销到放映如何受到来自新媒体技术、新媒体工具、新媒体渠道的冲击，还会去探索面对新媒体渠道的视听产品应该如何策划和商业运营。

（四）实践教学模式

由于新媒体行业发展速度快，对实践教学要求很高。实践教学要有节奏、有层次地展开，合理布局课内实践、寒暑假实践、参加大赛和自主创业等环节，并致力于搭建实验室、校内学生创新中心、导师工作室、校外实践教学基地等四大实践教学平台。具体来说，实践教学分以下几个层次展开。

课内实践：从大一开始，我们为学生设置了贯穿三学年的课内实践——创作日。在循序渐进的理论课程教学之外，学生将从第一时间开始进行新媒体短片的创作练习、新媒体产品的设计和运营练习。我们的新媒体实验室和VR实验室已经建成并投入使用，基本满足了课内实践的需求。

暑期专业实践：深入新媒体和影视公司等专业机构，以实习的形式进行专业实践。业界实习是对课内实践的有效补充。很多学生到公司实习之后，更加明确了学习的目标，收获了宝贵的行业前沿资讯和工作经验。

---

① 桂万保：《颠覆与重建：新媒体专业的教育理念与课程设置》，《现代传播》2015年第1期。

以赛代练：我们鼓励学生参加各种大赛，通过大赛提高自身能力。2015年我们指导学生参加了北京太火鸟举办的智能硬件大赛，2013 级新媒体班“老干妈组合”研发的“一个叉子”获得了优秀作品奖。

搭建校外实践基地：目前正着手与掌控传媒、咪咕动漫等新媒体企业合作开展校外实践教学基地的建设。通过校企合作的方式打通人才培养的通道，为学生将来的就业和自主创业打下基础。

四　师资队伍建设

师资队伍的建设是新媒体专业建设的重点，也是难点。由于新媒体技术和自身形态发展变化迅速，教师只有紧跟行业发展前沿，才能将理论知识和实践技能传授给学生。然而现实的情况是新媒体教师大多不是科班出身，加之没有产业实习的机会，因此无法讲授“产品经理”、“产品运营”和“数据分析”等课程。这就造成高校的教学内容与岗位需求之间产生了巨大的落差，这种落差也造成新媒体专业教师陷入教学困境。[①] 面对这样的局面，我们从以下几个层面寻求突破。

1. 聘请学界专家，成立专业建设指导委员会

我们聘请了来自中国社会科学院、中国传媒大学、上海交通大学、暨南大学和北京电影学院的专家组建了专业建设指导委员会，定期召开专业建设研讨会，对我们的教学和实践进行阶段性的总结。

2. 加强中青年骨干教师引进与培养，进行“双送”

我们的教师比较年轻，缺乏一线实战经验，因此我们拟采取“双送”的方式加强对青年教师的培养——送往业界实习、送往国内外高校深造；我们计划与新媒体企业合作开发项目，通过项目使教师参与到一线的实战中。此外，作为新媒体专业的教师，要不断学习，了解行业前沿，更新授课内容，做“学习型”的教师。

3. 聘请业界导师，建立本科生业界导师库

我们聘请了来自腾讯视频、卡梅隆（中国）、掌控传媒、咪咕动漫的专家作为我们的业界导师，定期来学院开设课程、举办讲座并带领学生去企

① 郑旭、唐凯芹：《媒体融合背景下高校新媒体专业的教学改革》，《今传媒》2015 年第 7 期。

业实习。例如卡梅隆中国新媒体部主任饶小兵老师为我们开设了 VR 拍摄的课程；腾讯视频电影频道和纪录片频道主编黄平茂老师为学生开办了一系列的关于电影和纪录片运营的讲座；咪咕动漫的老师指导学生完成了在该公司为期半个月的实习。业界导师为我们带来了行业一线的资讯和运营逻辑，丰富了课堂教学，提供了实践机会，让学生紧跟行业发展步伐，明确学习的目标。

“变”是新媒体的关键词，新媒体技术、传播内容和新媒体自身形态都在不断变化。因此“随机应变”是网络与新媒体专业建设的常态。专业教育不能始终跟在实践后面总结经验，而是要培养具有开拓精神和能够引领行业发展的人才。作为影视艺术高校的新媒体专业，我们的培养目标是为新媒体产业与影视产业融合的领域培养既懂得视听产品的运营规律又熟悉网络与新媒体相关知识和技能，具有专业视听艺术修养，具备内容策划能力和运营能力的复合型管理人才。

文献研究

中国电影研究文献分析
——基于知网数据的可视化分析

吴文聪*

摘　要：本文采用可视化技术，运用文献计量统计分析、关键词词频分析及对比分析的方法，对2017年1月至11月公开发表的14010篇电影研究文献，从定量方面进行了描述、梳理与简要分析。从而得出2017年中国电影研究来源广泛，体量庞大，多学科、跨学科、层次丰富，参与者众多，核心已成，资助力度大，期刊挑大梁，内容丰富，形式多样，方向明确，主题稳定，但一般性理论研究多，一般期刊多，核心期刊少，热度有所下降，走势尚不明朗的结论。

关键词：电影研究　计量统计　可视化

一　样本取样与工具

（一）样本来源与选择

研究样本来源：中国学术期刊网络出版总库、教育期刊全文数据库、中国博士学位论文全文数据库、中国优秀硕士学位论文全文数据库、中国重要会议论文全文数据库、国际会议论文全文数据库、中国重要报纸全文数据库、中国学术辑刊全文数据库。

---

* 吴文聪，北京电影学院现代创意媒体学院动漫系讲师，新媒体艺术家、插画师。

检索时间：2017 年 12 月 19 日。

研究样本检索式：发表时间（2017 年 1 月 1 日，2017 年 11 月 30 日）并且（主题 = 电影）（精确匹配）。

获得样本数量：14010 篇。

（二）工具

研究使用 CNKI（中国知网）提供的计量可视化分析工具和 Excel 电子表格作为分析工具。

二　计量统计分析

以资源类型、学科、研究层次、基金、文献类型、作者、机构和文献来源为指标，对样本文献各指标项的分布情况进行计量统计分析。

（一）文献资源类型分布情况

从文献资源类型分布看，14010 篇文献来自中国学术期刊网络出版总库、教育期刊全文数据库、中国博士学位论文全文数据库、中国优秀硕士学位论文全文数据库、中国重要会议论文全文数据库、国际会议论文全文数据库、中国重要报纸全文数据库、中国学术辑刊全文数据库 8 个中文文献数据库。各数据库文献数量及占比情况见表 1 及图 1。

表 1　文献资源类型分布统计

单位：篇，%

序号	数据库	文献数量	占总数的比重
1	中国学术期刊网络出版总库	9633	68.76
2	教育期刊全文数据库	1910	13.63
3	中国重要报纸全文数据库	1472	10.51
4	中国优秀硕士学位论文全文数据库	742	5.30
5	中国重要会议论文全文数据库	136	0.97
6	中国学术辑刊全文数据库	64	0.46
7	中国博士学位论文全文数据库	49	0.35
8	国际会议论文全文数据库	4	0.03
合计		14010	100.00

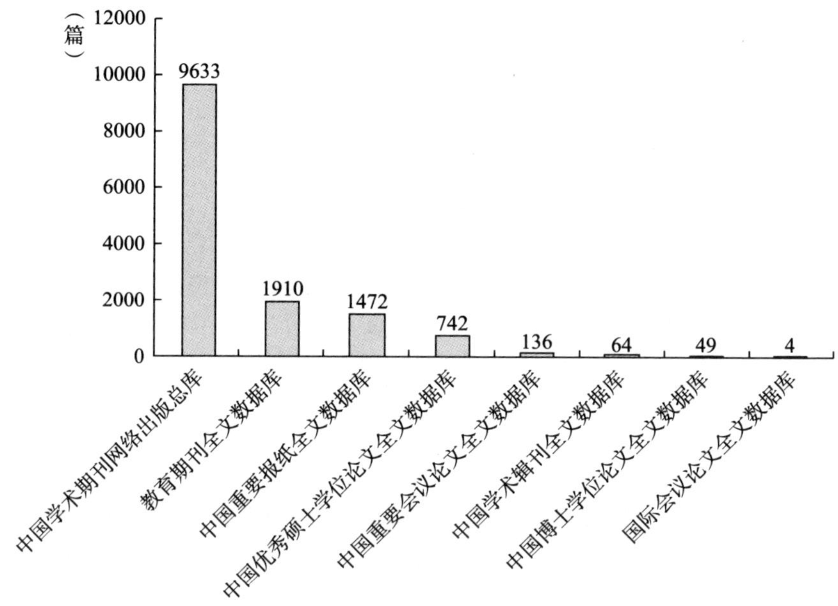

图 1　文献资源类型分布统计

如果将 8 个数据库划分成期刊、报纸、学位论文、会议论文四类，期刊（中国学术期刊网络出版总库、教育期刊全文数据库、中国学术辑刊全文数据库）共计 11607 篇，占总数的 82.85%；报纸 1472 篇，占 10.51%；学位论文（中国优秀硕士学位论文全文数据库、中国博士学位论文全文数据库）791 篇，占 5.65%；会议论文（中国重要会议论文全文数据库、国际会议论文全文数据库）140 篇，占 1.00%。各类文献数量及占比见图 2。

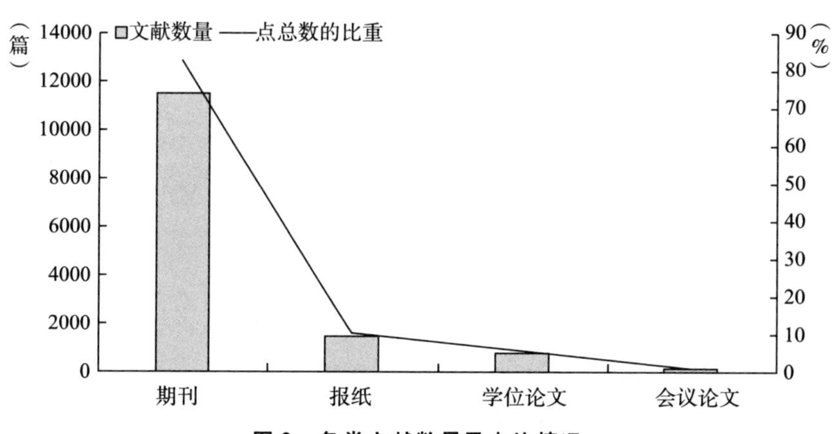

图 2　各类文献数量及占比情况

期刊是刊登与发表研究文献的最大平台，在电影研究中居于交流、展示、宣传的主渠道位置，影响面最大。

报纸是仅次于期刊的第二大平台，占比接近年度总文献量的11%，但总量与期刊相比差距明显。

学位论文总量约为报纸的一半。电影研究是高校高端电影人才教育的主要内容之一，学位论文绝对量的升降，在一定程度上能够反映出电影专业硕、博士毕业人数的增减，以及电影高端人才教育规模的变化。

会议论文总量最低，占比仅为1%。这反映出整体上有组织的电影学术研究与讨论尚处于较低水平。

（二）文献学科分布情况

从文献学科分布情况看，14010篇文献涉及戏剧电影与电视艺术、文化经济、中等教育、外国语言文字、中国文学、初等教育、新闻与传媒、计算机软件及计算机应用、世界文学、市场研究与信息、教育理论与教育管理、美术书法雕塑与摄影、电信技术、文化、高等教育、贸易经济、文艺理论、工业经济、音乐舞蹈、企业经济、行政法及地方法制、人物传记、民商法、体育、金融、工业通用技术及设备、建筑科学与工程、中国语言文字、中国政治与国际政治、出版、投资、社会学及统计学、信息经济与邮政经济、证券、旅游、自动化技术、轻工业手工业、临床医学、成人教育与特殊教育、中国共产党等40个学科。各学科发表文献数量与占比情况见表2。

表2　文献学科分布情况

单位：篇，%

序号	学科	文献数	占总数的比重
1	戏剧电影与电视艺术	8765	62.56
2	文化经济	1738	12.41
3	中等教育	1019	7.27
4	外国语言文字	557	3.98
5	中国文学	443	3.16
6	初等教育	437	3.12

续表

序号	学科	文献数	占总数的比重
7	新闻与传媒	372	2.66
8	计算机软件及计算机应用	274	1.96
9	世界文学	193	1.38
10	市场研究与信息	190	1.36
11	教育理论与教育管理	180	1.28
12	美术书法雕塑与摄影	156	1.11
13	电信技术	156	1.11
14	文化	150	1.07
15	高等教育	147	1.05
16	贸易经济	136	0.97
17	文艺理论	124	0.89
18	工业经济	107	0.76
19	音乐舞蹈	105	0.75
20	企业经济	88	0.63
21	行政法及地方法制	87	0.62
22	人物传记	85	0.61
23	民商法	84	0.60
24	体育	77	0.55
25	金融	75	0.54
26	工业通用技术及设备	75	0.54
27	建筑科学与工程	72	0.51
28	中国语言文字	69	0.49
29	中国政治与国际政治	64	0.46
30	出版	63	0.45
31	投资	62	0.44
32	社会学及统计学	59	0.42
33	信息经济与邮政经济	58	0.41
34	证券	58	0.41
35	旅游	50	0.36
36	自动化技术	48	0.34
37	轻工业手工业	48	0.34
38	临床医学	43	0.31

续表

序号	学科	文献数	占总数的比重
39	成人教育与特殊教育	42	0.30
40	中国共产党	40	0.29
合计文献数		16596	118.46
实际文献数		14010	100.00
超出文献数		2586	18.46

从表2来看，研究仍然主要集中在戏剧电影与电视艺术、文化经济、中等教育、外国语言文字、中国文学、初等教育、新闻与传媒、计算机软件及计算机应用、世界文学、市场研究与信息10个学科。10个学科共发表文献13988篇，占实际文献总量的99.84%。

40个学科共发表文献16596篇，超出实际的14010篇2586篇。文献的学科交叉率达到了18.46%。这充分显示出电影是一个具有很强交叉性的跨学科研究领域。如果考虑未能列入发表文献前40位的学科，那么研究的学科交叉率将更高，或将超过20%。

为使读者对各学科发表文献数量之间的差距有一个直观的感受，笔者用可视化的方式将前40位的学科发表文献的占比情况表示出来（见图3）。

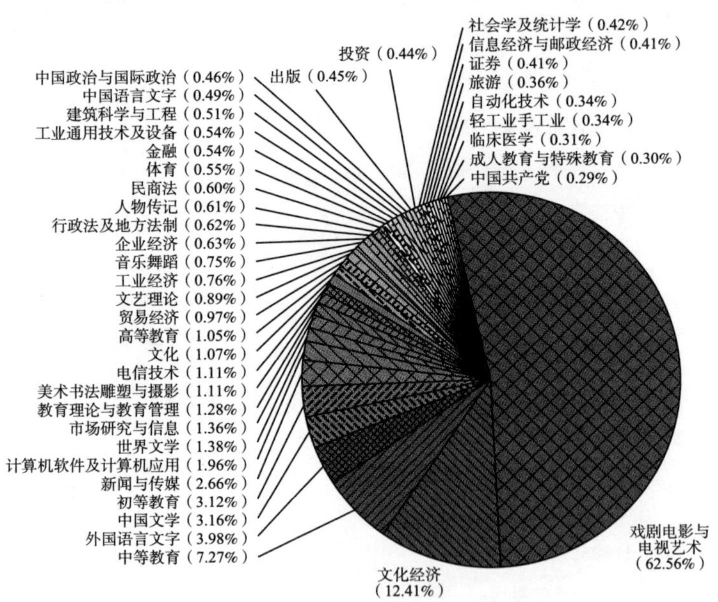

图3 前40位的学科发表文献的占比情况

（三）文献研究层次分布情况

从文献研究层次分布看，涉及基础研究（社科）、基础教育与中等职业教育、行业指导（社科）、大众文化、文艺作品、工程技术（自科）、政策研究（社科）、职业指导（社科）、高等教育、基础与应用基础研究（自科）、行业技术指导（自科）、专业实用技术（自科）、大众科普、经济信息、高级科普（社科）、政策研究（自科）、高级科普（自科）、党的建设与党员教育和其他19个不同层次。具体分布情况见表3。

表3　文献研究层次分布

单位：篇，%

序号	研究层次	文献数	占总数的比重
1	基础研究（社科）	5091	36.34
2	基础教育与中等职业教育	1762	12.58
3	行业指导（社科）	1692	12.08
4	大众文化	1356	9.68
5	文艺作品	1263	9.01
6	工程技术（自科）	420	3.00
7	政策研究（社科）	390	2.78
8	职业指导（社科）	282	2.01
9	高等教育	167	1.19
10	基础与应用基础研究（自科）	94	0.67
11	行业技术指导（自科）	72	0.51
12	专业实用技术（自科）	54	0.39
13	大众科普	54	0.39
14	经济信息	53	0.38
15	高级科普（社科）	37	0.26
16	政策研究（自科）	14	0.10
17	高级科普（自科）	8	0.06
18	党的建设与党员教育	1	0.01
19	其他	1200	8.57
合计		14010	100.00

如果按社会科学、自然科学、文化教育和其他四大类划分，社会科学7492篇，占53.48%；文化教育4656篇，占33.23%；其他1200篇，占8.57%；自然科学662篇，占4.73%。研究的社会与文化教育属性突出，应用性亦较为突出。

图4是不包括其他类型及层次的18个研究层次发表文献的数量与占比。

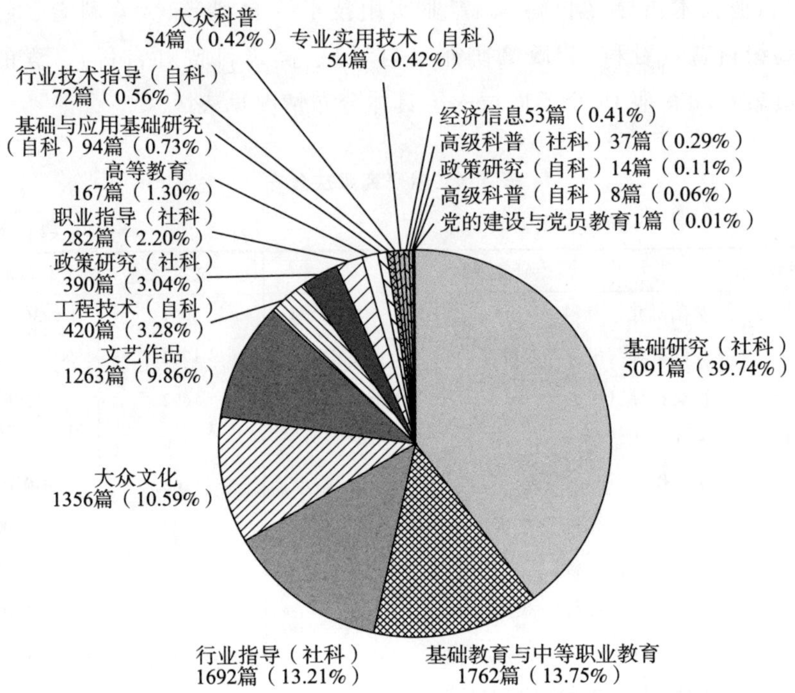

图4　不包括其他类型及层次的18个研究层次发表文献的数量与占比情况

（四）文献基金分布情况

从文献的基金分布看，有394篇文献得到国家社会科学基金、国家自然科学基金、江苏省教育厅人文社会科学研究基金、湖南省教委科研基金、河南省软科学研究计划、陕西省教委基金、国家留学基金、湖南省社会科学基金、中国博士后科学基金、四川省教委重点科研基金、国家科技支撑计划、北京市优秀人才基金、江苏省青蓝工程基金、全国教育科学规划、山西省软科学研究计划、陕西省软科学研究计划、黑龙江省社会科学基金、北京市教委科技发展基金、上海市教委曙光计划、浙江省自然科学基金、江苏省科委社会发展基金、跨世纪优秀人才培养计划、湖北省教委科研基金、上海市科技攻关计划、福建省教委科研基金、国家高技术研究发展计划、浙江省教委科研基金、江苏省自然科学基金、湖北省自然科学基金、海南省自然科学基金、浙江省软科学研究计划、北京市自然科学基金、天津市科学基金、北京市卫生局科研基金、四川省科委科研基金、上海市自然科学基金、山东省自然科学基金、霍英东教育基金、山西农业大学科技创新基金 39 种研究基金的资助，占全部文献的 2.81%。各种基金资助项目发表文献数量见表 4。

表 4 文献基金分布情况

单位：篇，%

序号	基金名	文献数	占总数的比重
1	国家社会科学基金	169	1.21
2	国家自然科学基金	34	0.24
3	江苏省教育厅人文社会科学研究基金	29	0.21
4	湖南省教委科研基金	18	0.13
5	河南省软科学研究计划	16	0.11
6	陕西省教委基金	15	0.11
7	国家留学基金	12	0.09
8	湖南省社会科学基金	12	0.09
9	中国博士后科学基金	9	0.06
10	四川省教委重点科研基金	9	0.06
11	国家科技支撑计划	7	0.05
12	北京市优秀人才基金	7	0.05
13	江苏省青蓝工程基金	6	0.04
14	全国教育科学规划	5	0.04
15	山西省软科学研究计划	4	0.03
16	陕西省软科学研究计划	3	0.02
17	黑龙江省社会科学基金	3	0.02
18	北京市教委科技发展基金	3	0.02
19	上海市教委曙光计划	3	0.02
20	浙江省自然科学基金	3	0.02
21	江苏省科委社会发展基金	3	0.02

续表

序号	基金名	文献数	占总数的比重
22	跨世纪优秀人才培养计划	2	0.01
23	湖北省教委科研基金	2	0.01
24	上海市科技攻关计划	2	0.01
25	福建省教委科研基金	2	0.01
26	国家高技术研究发展计划	2	0.01
27	浙江省教委科研基金	2	0.01
28	江苏省自然科学基金	1	0.01
29	湖北省自然科学基金	1	0.01
30	海南省自然科学基金	1	0.01
31	浙江省软科学研究计划	1	0.01
32	北京市自然科学基金	1	0.01
33	天津市科学基金	1	0.01
34	北京市卫生局科研基金	1	0.01
35	四川省科委科研基金	1	0.01
36	上海市自然科学基金	1	0.01
37	山东省自然科学基金	1	0.01
38	霍英东教育基金	1	0.01
39	山西农业大学科技创新基金	1	0.01
合计		394	2.81

资助发表文献最多的是国家社会科学基金（169 篇）和国家自然科学基金（34 篇）。按层次划分：国家级基金（国家社会科学基金、国家自然科学基金、国家科技支撑计划、国家高技术研究发展计划、国家留学基金）有 5 种，发表文献 224 篇，占 1.6%，平均每种基金发表文献近 45 篇。省级基金有 30 种，发表文献 153 篇，占 1.1%，平均每种基金发表文献 5 篇。部委基金（中国博士后科学基金、全国教育科学规划、跨世纪优秀人才培养计划）有 3 种，发表文献 16 篇，占 0.11%，每种基金平均发表文献 5 篇。其他基金（霍英东教育基金）有 1 种，发表文献 1 篇，占 0.01%。

国家级基金项目虽然数量不及地方基金，但发表文章总数及每种基金平均发表的文献数却是地方的 9 倍，远高于地方。省级基金在基金种类数上居首位。这表明不仅国家层面对电影研究关注度高，各省区市地方政府对电影行业的关注与重视的程度也相当高。与国家和地方的高热情相比，各部委的积极性则显得低沉许多。图 5 是各类基金资助项目发表文献数量。

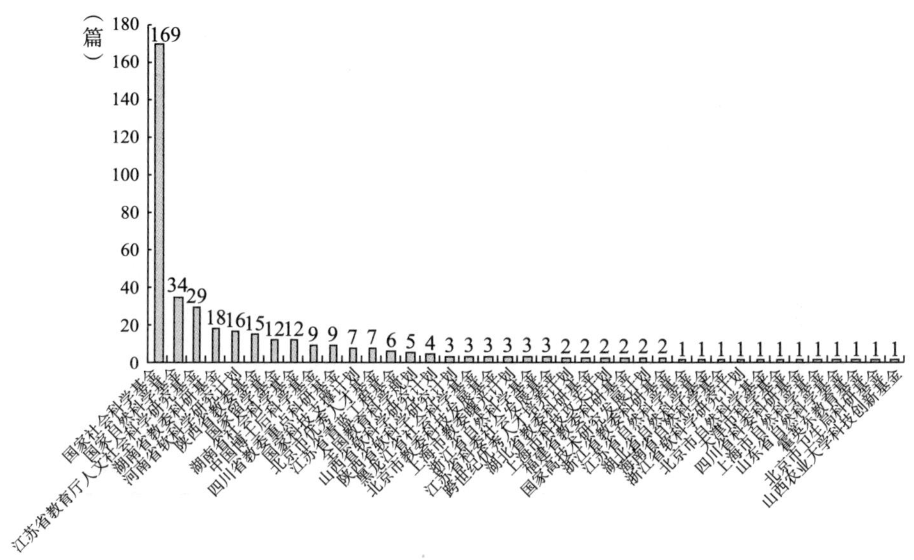

图 5　各类基金资助项目发表文献数量

图 5 更为直观地显示了各类基金资助项目发表文献占比情况。省级基金涉及 15 个省区市，平均每个省涉及基金项目为 2 个，平均每个省发表文献约 10 篇。涉及基金项目最多的是江苏、北京、上海、浙江 4 省市，分别是 4 种、4 种、3 种、3 种。发表文献最多的是江苏、湖南和陕西三省，分别为 39 篇、30 篇、18 篇，其他省的情况见表 5。

表 5　文献地方基金分布情况

地区	种数（种）	文献数（篇）	占总数的比重（%）
江苏	4	39	0. 28
湖南	2	30	0. 21
陕西	2	18	0. 13
河南	1	16	0. 11

续表

地区	种数（种）	文献数（篇）	占总数的比重（%）
北京	4	12	0.09
四川	2	10	0.07
上海	3	6	0.04
浙江	3	6	0.04
山西	2	5	0.04
黑龙江	1	3	0.02
湖北	2	3	0.02
福建	1	2	0.01
海南	1	1	0.01
山东	1	1	0.01
天津	1	1	0.01
合计	30	153	1.09

（五）文献类型分布情况

从文献的类型分布看，14010 篇文献中，综述类文献 139 篇，占 0.99%；政策研究类文献 404 篇，占 2.88%；其他一般性研究文献 13467 篇，占 96.12%。详细情况见表 6 和图 6。面向实践的政策性研究占比近 3%，定量性研究占比约为 1%，一般性的定性研究占比超过 96%。研究的理论演绎性非常明显。

表 6　文献类型数量分布及占比情况

单位：篇，%

序号	文献类型	文献数	占总数的比重
1	综述类文献	139	0.99
2	政策研究类文献	404	2.88
3	一般研究性文献	13467	96.12
合计		14010	100.00

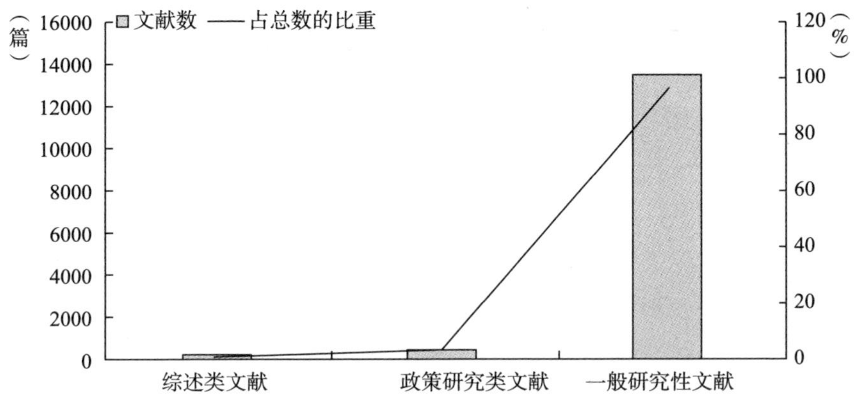

图 6　各类文献数量及占比情况

（六）文献作者分布情况

从文献作者的分布情况看，按照洛特卡定律①写一篇文章的作者占全部作者的 60% 来推算，不考虑合著，全部 14010 篇文献的作者应当在 8500 位左右。加上合著因素，作者数量将超过 8500 位。表 7 是知网数据库提供的前 40 位的作者发表文献数及占比情况。

表 7　前 40 位作者发表文献数及占比统计

单位：篇，%

序号	作者	文献数	占总数的比重	机构类型
1	陈旭光	15	0. 11	高校
2	卢扬	14	0. 10	媒体
3	厉震林	11	0. 08	高校
4	丁亚平	11	0. 08	研究机构
5	周星	11	0. 08	高校
6	饶曙光	9	0. 06	研究机构

① 洛特卡定律是由美国学者 A. J. 洛特卡在 20 世纪 20 年代率先提出的描述科学生产率的经验规律，又称“倒数平方定律”。它描述的是科学工作者人数与其所著论文之间的关系：写两篇论文的作者数量约为写一篇论文的作者数量的 1/4，写三篇论文的作者数量约为写一篇论文作者数量的 1/9，写 n 篇论文的作者数量约为写一篇论文作者数量的 $1/n^2$……，而写一篇论文作者的数量约占所有作者数量的 60%。该定律被认为是第一次揭示了作者与数量之间的关系。

续表

序号	作者	文献数	占总数的比重	机构类型
7	张慧瑜	9	0.06	研究机构
8	刘长欣	9	0.06	媒体
9	梁君健	9	0.06	高校
10	陈博	8	0.06	研究机构
11	张燕	8	0.06	高校
12	杨俊蕾	8	0.06	高校
13	陈林侠	8	0.06	高校
14	马明凯	8	0.06	研究机构
15	尹鸿	7	0.05	高校
16	张怀强	7	0.05	高校
17	李道新	7	0.05	高校
18	杜庆春	7	0.05	高校
19	武春芳	7	0.05	高校
20	袁智忠	7	0.05	高校
21	方捷新	7	0.05	研究机构
22	郑蕊	7	0.05	媒体
23	李倩	7	0.05	高校
24	张睿	6	0.04	高校
25	倪祥保	6	0.04	高校
26	刁颖	6	0.04	高校
27	张雪	6	0.04	研究机构
28	王文斌	6	0.04	高校
29	侯东晓	6	0.04	高校
30	李国聪	6	0.04	高校
31	赵卫防	6	0.04	研究机构
32	陈墨	6	0.04	研究机构
33	沈鲁	6	0.04	高校
34	石川	5	0.04	高校
35	孙桂山	5	0.04	研究机构
36	张一兵	5	0.04	高校
37	刘晓希	5	0.04	高校

续表

序号	作者	文献数	占总数的比重	机构类型
38	李讯	5	0.04	研究机构
39	崔颖	5	0.04	高校
40	姜庆丽	5	0.04	高校
合计		296	2.11	
总文献数		14010		

根据著名学者普赖斯提出的计算公式，核心作者候选人的最低发文量 $M = 0.749\sqrt{N\max}$，其中 $N\max$ 为最高产作者文章数量。$N\max = 15$，所以 $M = 0.749\sqrt{15} = 2.9$，即发表 3 篇以上的为核心作者候选人。因此，从表 7 中所列作者发表文章数看，这 40 位作者最多发表文献 15 篇，最少发表 5 篇，平均发表文献 7.4 篇，合计发表文献 296 篇，占全部文献的 2.11%。这些作者毫无疑问是电影研究领域的核心作者，亦是核心研究者。其中发表文献超过 10 篇的有陈旭光、卢扬、厉震林、丁亚平、周星五位。图 7 更为直观地显示了前 40 位作者发表文献情况。

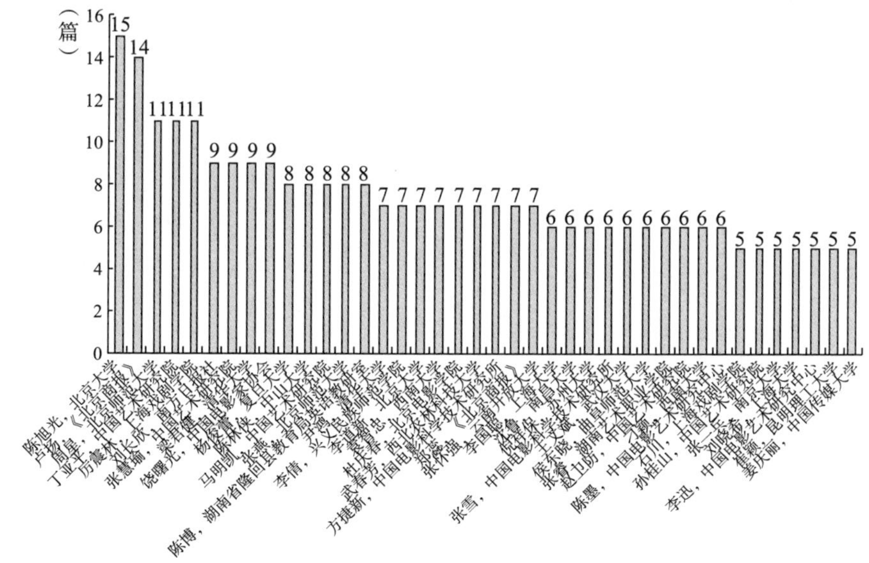

图 7　前 40 位作者发表文献情况

从前 40 名作者所在机构看，大多数来自高校，40 个作者中 26 位来自高校，占65%；发表文献186篇，占296篇文献的62.84%。11位来自专门研究机构，占27.5%；发表文献80篇，占296篇文献的27.03%。只有3位来自媒体，占7.5%；发表文献30篇，占296篇文献的10.14%。排名发表文献前10位的作者近半数来自高校。

（七）文献机构分布情况

从文献机构的分布看，表8是知网数据库提供的前40位的机构发表文献数量。

表8　发表文献数居前40位的机构统计

单位：篇，%

序号	机构	文献数	占总数的比重	机构类型
1	中国传媒大学	212	1.51	高校
2	北京电影学院	196	1.40	高校
3	上海大学	171	1.22	高校
4	北京师范大学	121	0.86	高校
5	北京大学	111	0.79	高校
6	四川大学	89	0.64	高校
7	西南大学	87	0.62	高校
8	浙江大学	80	0.57	高校
9	山东师范大学	77	0.55	高校
10	南京师范大学	71	0.51	高校
11	河北大学	70	0.50	高校
12	武汉大学	64	0.46	高校
13	南京大学	61	0.44	高校
14	曲阜师范大学	59	0.42	高校
15	中国艺术研究院	57	0.41	研究机构
16	郑州大学	56	0.40	高校
17	江苏师范大学	54	0.39	高校
18	四川师范大学	54	0.39	高校
19	山东大学	53	0.38	高校
20	河南大学	53	0.38	高校

续表

序号	机构	文献数	占总数的比重	机构类型
21	上海戏剧学院	51	0.36	高校
22	辽宁师范大学	49	0.35	高校
23	河北师范大学	49	0.35	高校
24	浙江传媒学院	47	0.34	高校
25	吉林大学	47	0.34	高校
26	西北师范大学	47	0.34	高校
27	天津师范大学	46	0.33	高校
28	山西师范大学	46	0.33	高校
29	华东师范大学	43	0.31	高校
30	上海师范大学	43	0.31	高校
31	山西传媒学院	43	0.31	高校
32	复旦大学	42	0.30	高校
33	广西艺术学院	41	0.29	高校
34	南京艺术学院	40	0.29	高校
35	首都师范大学	38	0.27	高校
36	东北师范大学	38	0.27	高校
37	中国艺术研究院电影电视艺术研究所	37	0.26	研究机构
38	广州大学	37	0.26	高校
39	湖南师范大学	37	0.26	高校
40	南昌大学	36	0.26	高校
合计		2653	18.94	

根据著名学者普赖斯提出的计算公式，核心机构候选单位的最低发文量 $M=0.749\sqrt{N\mathrm{max}}$，其中 Nmax 为最高产机构文章数量。$N\mathrm{max}=212$，所以 $M=0.749\sqrt{212}=10.91$，即发表 11 篇及以上的为核心机构候选单位。图 8 更为直观地显示了前 40 个机构发表文献数量。

从表 8 中可见，前 40 个机构中最多发表文献 212 篇，最少发表 36 篇，平均发表文献 66.33 篇，合计发表文献 2653 篇，占全部文献的 18.94%。上述这些机构无疑是这一领域的核心研究机构。从前 40 位机构的类型看，38 个是高校，高校是电影研究的主要机构。其中，中国传媒大学、北京电影学院、上海大学、北京师范大学、北京大学排名前五，发表文献均超过了

100 篇，是中国电影研究的核心机构。

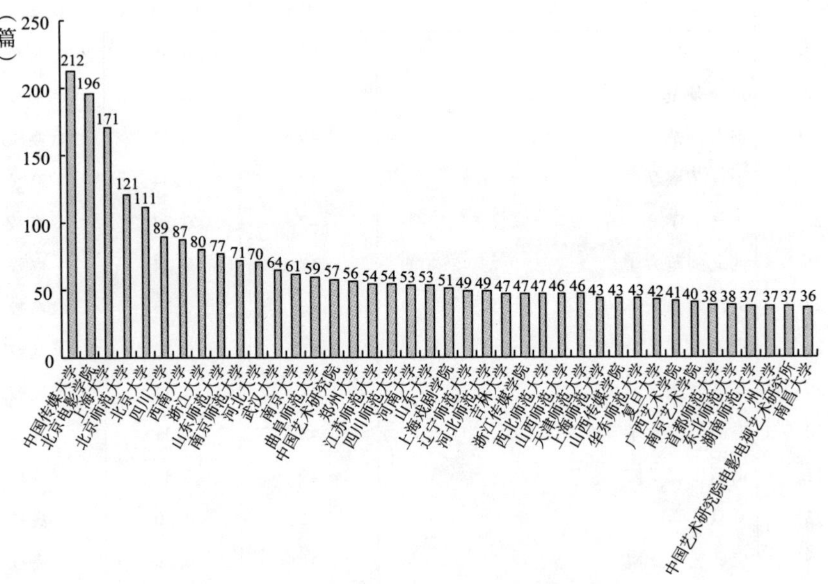

图 8　前 40 个机构发表文献数量情况

（八）文献来源分布情况

从文献来源分布看，表 9 是知网数据库提供的发表文献前 38 位来源。

表 9　发表文献前 38 位的来源统计

单位：篇，%

序号	报刊名	文献数	占总数的比重	来源类型
1	《电影文学》	983	7.02	期刊
2	《当代电影》	476	3.40	期刊
3	《电影评介》	472	3.37	期刊
4	《戏剧之家》	455	3.25	期刊
5	《中国电影报产业周刊》	193	1.38	期刊
6	《大众文艺（理论）》	185	1.32	期刊
7	《新闻研究导刊》	168	1.20	期刊
8	《西部广播电视》	146	1.04	期刊
9	《艺术科技》	139	0.99	期刊
10	《现代电影技术》	137	0.98	期刊

续表

序号	报刊名	文献数	占总数的比重	来源类型
11	《文汇报》	125	0.89	报纸
12	《电影艺术》	116	0.83	期刊
13	《中国艺术报》	113	0.81	报纸
14	《民主协商报》	108	0.77	报纸
15	《北京电影学院学报》	91	0.65	报纸
16	《中国新闻出版广电报》	85	0.61	报纸
17	《家庭影院技术》	83	0.59	期刊
18	《青年记者》	73	0.52	期刊
19	《中国文化报》	70	0.50	报纸
20	《当代电视》	64	0.46	期刊
21	《电影新作》	62	0.44	期刊
22	《现代电视技术》	58	0.41	期刊
23	《电视字幕·特技与动画》	53	0.38	期刊
24	《今传媒》	52	0.37	期刊
25	《校园英语》	48	0.34	期刊
26	《四川戏剧》	48	0.34	期刊
27	《解放日报》	47	0.34	报纸
28	《传媒》	43	0.31	期刊
29	《中学生百科》	41	0.29	期刊
30	《山东师范大学》	40	0.29	高校
31	《走向世界》	38	0.27	期刊
32	《艺术教育》	37	0.26	期刊
33	《河北大学》	36	0.26	高校
34	《艺术评论》	35	0.25	期刊
35	《高考金刊》	34	0.24	期刊
36	《美与时代》	32	0.23	期刊
37	《新东方英语》	32	0.23	期刊
38	《课外读物》	31	0.22	期刊
合计		5049	36.04	

38种来源中发表文献最多的为983篇，最少为31篇，平均发表文献132.87篇，合计发表文献5049篇，占全部文献的36.04%。这些报刊是这

一研究领域的核心报刊。

从 38 种来源的分类看，29 种为期刊，7 种为报纸，2 种为高校学位论文。期刊占比远高于报纸，两者之比约为 4∶1。

这 38 种来源发表文献数量均在 30 篇以上，发表文献 100 篇以上的有《电影文学》、《戏剧之家》、《当代电影》、《电影评介》、《中国电影报产业周刊》、《大众文艺（理论）》、《新闻研究导刊》、《西部广播电视》、《艺术科技》、《现代电影技术》、《文汇报》、《电影艺术》、《中国艺术报》和《民主协商报》14 种。

38 种来源中电影专业期刊有《电影文学》、《当代电影》、《电影评介》、《中国电影报产业周刊》、《现代电影技术》和《电影艺术》6 种，共发表文献 2377 篇，占 16.97%。38 种来源中，核心期刊少，一般报刊多。

按照布拉德福定律①，各类电影期刊可分为核心区、相关区和非相关区，各个区的文章数量相等（约为 4670 篇）。表 9 中所列 38 种来源发表的文章数超过总文献量的 1/3，这 38 种来源中的前 27 种（4650 篇）均处于核心区之内，是电影研究的核心期刊。图 9 更为直观地显示了发表文献前 38 位的来源。

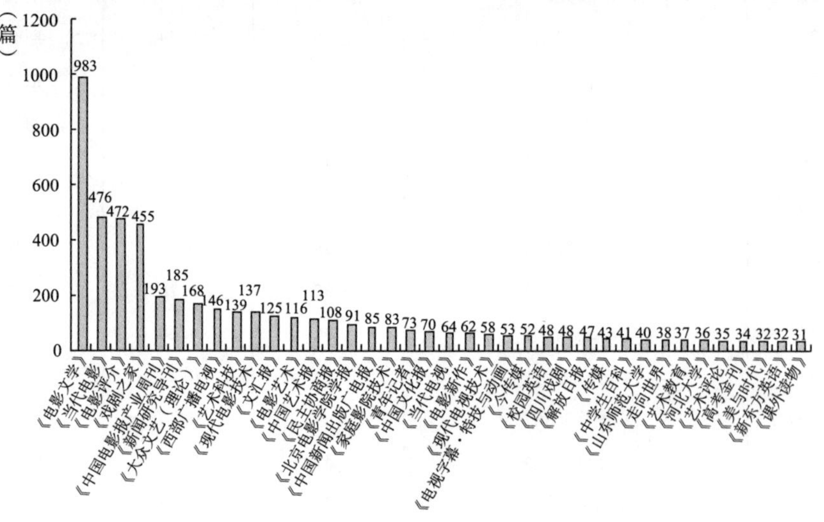

图 9　发表文献前 38 位的来源

---

① 布拉德福定律是由英国著名文献学家 B. C. 布拉德福于 20 世纪 30 年代率先提出的描述文献分散规律的经验定律。其文字表述为：如果将科技期刊按其刊载某学科专业论文的数量多少，以递减顺序排列，那么可以把期刊分为专门面向这个学科的核心区、相关区和非相关区。各个区的文章数量相等，此时核心区、相关区、非相关区期刊数量成 $1:n:n^2$ 的关系。

三 文献关键词分析

本文运用词频分析、关键词共现矩阵和关键词共现网络分析三种方法，对样本文献的研究热点、重点和趋势进行了归纳与梳理。

（一）文献关键词词频分布情况

从文献的关键词分布看，表10是知网数据库提供的发表文献使用频率较高的关键词。使用51次及以上的高频关键词有15个。

表10 使用频率在51次及以上的关键词统计

单位：次

序号	关键词	使用频率	主题
1	电影	431	电影
2	微电影	180	电影
3	动画电影	144	电影
4	中国电影	109	电影
5	叙事	109	电影
6	新媒体	93	媒体
7	美国电影	68	电影
8	改编	67	其他
9	电影改编	66	电影
10	女性主义	61	女性主义
11	电影产业	56	电影
12	好莱坞	56	电影
13	电影艺术	54	电影
14	文化	52	文化
15	字幕翻译	51	电影

关键词使用频次越高，说明相关研究越多。我们可以从表10看出，使用频率超过100次的5个关键词是电影、微电影、动画电影、中国电影、叙事。

为了便于分析，我们将上述15个高频词归为电影、媒体、其他、文化、女性主义五个主题。从表 11 来看，无论是分主题按关键词数量排序，还是分主题按关键词使用频率排序，电影均排在首位，可以认为，电影研究的主要内容集中在电影本身。

表 11　分主题按关键词数量和使用频率排序

单位：个，次

序号	主题	关键词数	使用频率
1	电影	11	1324
2	媒体	1	93
3	其他	1	67
4	女性主义	1	61
5	文化	1	52
合计		15	1597

这表明上述内容是 2017 年电影研究中关注度最高的内容。

图 10 更为直观地显示了使用频率前 50 位的关键词。除了前面 15 个高频关键词之外，使用频率超过 25 次的还有：国产电影、叙事策略、传播、人性、主题、应用、女性形象、艺术、美学、纪录片、科幻电影、微课、意识形态、隐喻、英文电影、视听语言、人物形象、武侠电影、青春电影、类型电影、传统文化、电影叙事、策略、发展、女性、主旋律电影、动画、

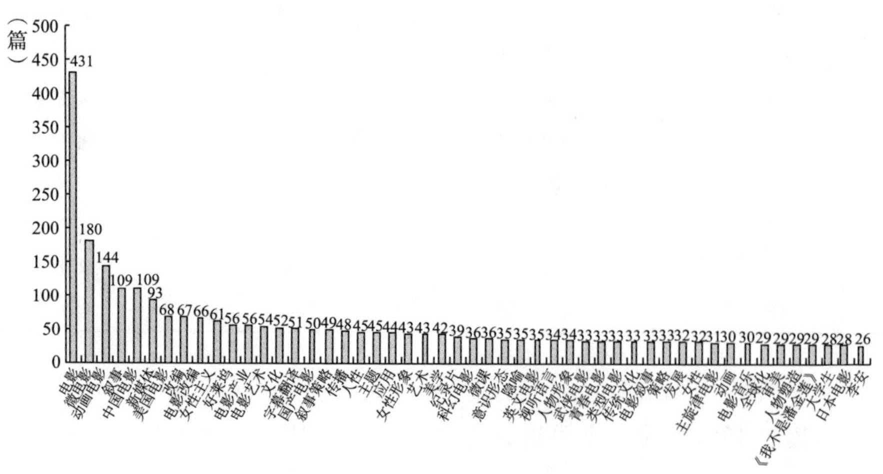

图 10　使用频率前 50 位的关键词

电影音乐、全球化、人物塑造、审美、《我不是潘金莲》、大学生、日本电影、李安。研究内容的关注频度呈“长尾”分布。

（二）文献关键词共现矩阵分析

在提取高频关键词之后，将前20个关键词形成20×20的共现矩阵。如果某两个关键词同时出现在一篇文章中，就表明这两者之间存在相关性。据此，我们以2017年电影研究文献中使用频率最高的20个关键词构建了2017年电影研究文献高频词共现矩阵，见图11。

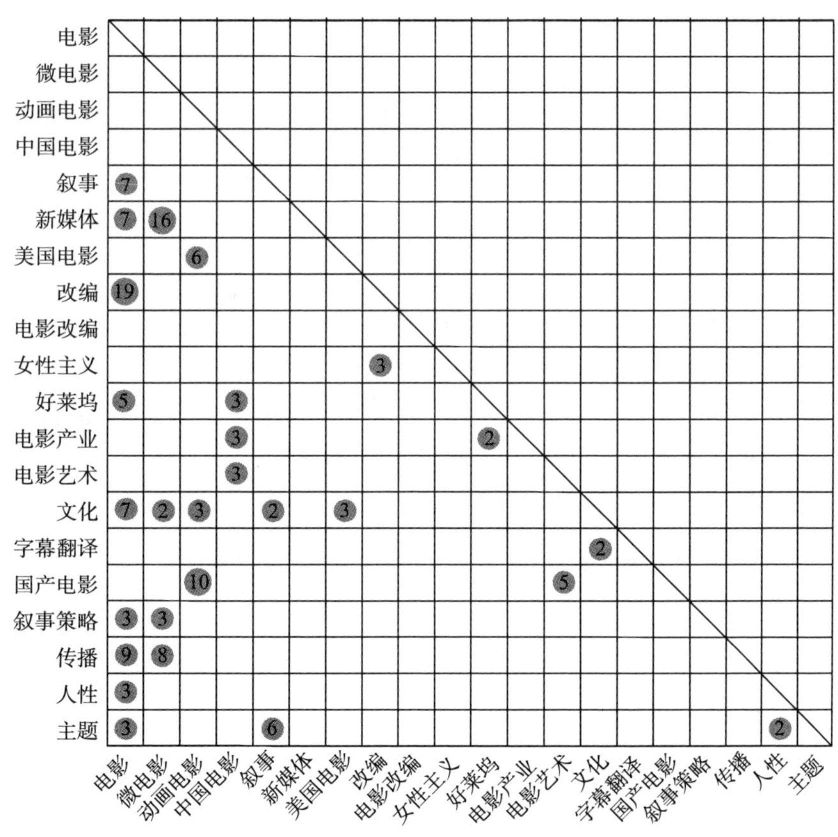

图11　2017年电影研究文献高频词共现矩阵

图11显示，2017年电影研究文献高频关键词共现27组，共现次数均在2次及以上，其中次数在5次及以上的关键词组合有12组。分别是：电影与改编19频次、微电影与新媒体16频次、动画电影与国产电影10频次、

电影与传播 9 频次、微电影与传播 8 频次、电影与叙事 7 频次、电影与新媒体 7 频次、电影与文化 7 频次、动画电影与美国电影 6 频次、叙事与主题 6 频次、电影与好莱坞 5 频次、电影艺术与国产电影 5 频次。电影研究相关性较高的内容主要体现在上述 12 个方面，其中又以电影与改编、微电影与新媒体、动画电影与国产电影、电影与传播、微电影与传播 5 个方面为热点。

（三）文献关键词共现网络分析

将构建的电影研究高频词共现矩阵导入知网提供的社会网络分析软件，生成电影研究文献高频词共现网络知识图谱（见图 12）。

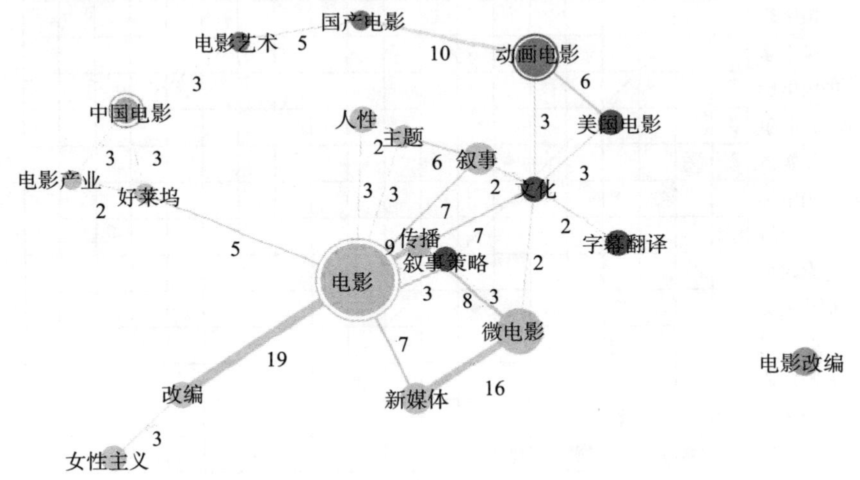

图 12 电影研究文献高频词共现网络知识图谱

从图 12 电影研究高频关键词的知识图谱可以直观地看出：相关研究以“电影”为核心，与“中国电影”“动画电影”两个分中心形成的三角关键词“团”共同组成扇形。在这三个“团”核心关键词周边，各自均有一些与之关联密切的关键词。

在中心团组中以“电影”为中心，环绕着改编、新媒体、微电影、传播、叙事、文化等。其中与传播、叙事策略、新媒体的距离较近，显示出这些关键词之间的相关性相对较强。与改编、传播之间连线较粗，显示出这些关键词之间的联系较为密切。

另外，以“中国电影”为次中心的团组中只与电影产业、好莱坞、电影艺术三个关键词有直接联系。其中与电影产业、好莱坞的距离较近，与电影艺术间的距离略远。这显示出这些关键词之间虽然有联系，但关联性相对较弱。

此外，以“动画电影”为次中心的团组，同样只与国产电影、美国电影和文化三个关键词有直接联系。其中与美国电影距离最近，显示出与分中心的关系相对较强；与国产电影距离最远，但最粗，表现出这些关键词之间的联系较为密切。

需要指出的是，在知识图谱中除了那些处于图谱中心的高频关键词之外，还有一些词“处于网络图的中间位置，它们是联系网络中心节点和边缘节点的桥梁”，如好莱坞、电影艺术、文化等。

同时，女性主义、电影改编、字幕翻译、人性、主题等关键词处于知识图谱或组团的边缘，表明它们目前处于电影研究的边缘。这些“处于边缘的关键词并不代表该词不重要，而是就目前来讲对其关注研究还很少，而且这些词多出自近期的文章”，这些处于边缘位置的词很有可能成为电影研究领域未来的趋势及方向。

（四）2013～2017 年研究趋势与主题分析

为比较 2013～2017 年研究趋势与主题，以知网为样本池，检索条件：发表时间（2013 年 1 月 1 日，2017 年 11 月 30 日）并且（主题 = 电影）（精确匹配），文献总数为 86072 篇；范围为全部数据库。全部样本文献的分布情况见表 12。

表 12　2013～2017 年电影研究文献统计

单位：篇，%

序号	年份	文献数量	百分比
1	2013	16927	19.67
2	2014	18337	21.30
3	2015	18347	21.32
4	2016	18571	21.58
5	2017	13890	16.14
合计		86072	100.00

注：2017 年数据截至 11 月 30 日。

1. 2013~2017年研究趋势分析

从表12中可见，2013年至2017年11月底，电影研究文献整体上是一个大体平稳的态势。从图13看，2013年至2014年有一个小幅度的上升，2014年到2016年基本上没有变化，或者说只有略微一点升高，2017年前11个月的发表文献量，与往年全年总量相比，有一个比较明显的下降，即便是考虑到还有一个月的时间差，加上前11个月的平均值（1263篇），也只有15153篇，不仅是2013年以来发表文献最少的年份，而且低于前4年的平均值（18046篇），下降已成定局。这种下降是偶然现象，还是趋势？目前还无法确定，只有结合2018年的数据，才能看出眉目。是什么导致了研究文献的大幅度下降？值得进一步关注与深入研究。

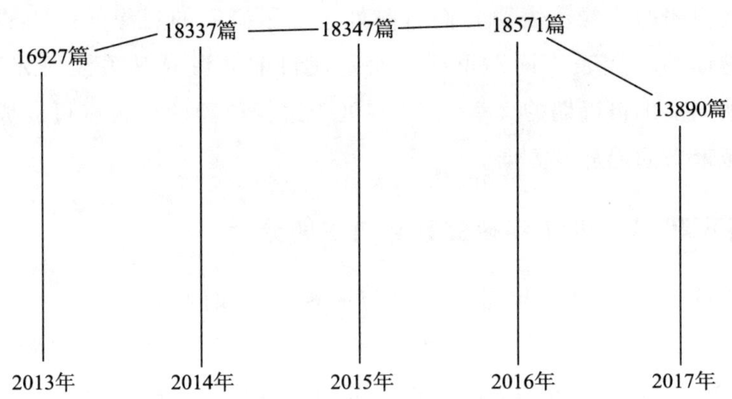

图13　2013~2017年电影研究文献数量趋势

注：2017年数据截至11月30日。

2. 2013~2017年研究主题分析

每个年度关键词的变化，特别是高频关键词的变化，能够反映出电影相关研究内容、主题、重点、热点的变化。图14是2013年至2017年电影研究高频关键词的变化情况。

从2013年到2017年电影研究文献高频关键词的分布看，共使用关键词9个，涉及的高频关键词有电影、微电影、叙事、动画电影、中国电影、字幕翻译、改编、新媒体、电影音乐。5年中每年都重复出现的关键词有电影、微电影、叙事3个，表明这3个问题近年来一直是电影研究的主题，而且中间3年每年的频率大致相同，2017年有所下降。

重复3年出现的只有动画电影1个，且集中在2015~2017年，是近年来主要关注的内容；重复2年出现的有字幕翻译和中国电影，没有重复出现过的关键词有改编、新媒体、电影音乐3个。相邻年份中重复的关键词有电影、微电影、叙事、动画电影、字幕翻译5个。这表明5年间每年的研究主题有变化，但并不频繁，持续性的重点相对集中。

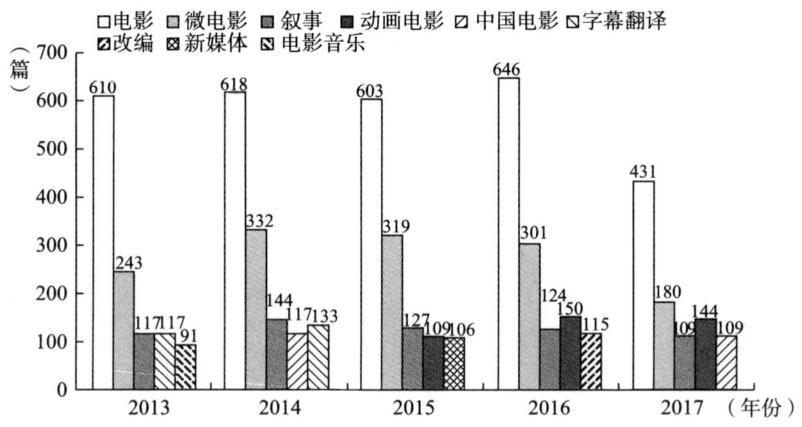

图14　2013～2017年电影研究高频关键词变化情况

注：2017年数据截至11月30日。

结　语

2017年是“十三五”规划的关键之年，电影行业在电影作品、电影产业发展、电影理论研究、电影教学等各个方面均有一个良好开端，并取得了较大发展。其具有以下特点。

（一）来源广泛，体量庞大

从研究的数量方面看，2016年电影研究文献来源广泛，涉及期刊、报纸、学位论文和会议论文4类，中国学术期刊网络出版总库、教育期刊全文数据库、中国博士学位论文全文数据库、中国优秀硕士学位论文全文数据库、中国重要会议论文全文数据库、国际会议论文全文数据库、中国重要报纸全文数据库、中国学术辑刊全文数据库8个不同数据库中电影研究文献总量达到了14010篇，体量庞大。

（二）多学科、跨学科、层次丰富

从研究涉及的学科与层次看，文献涉及 40 个学科，主要集中在戏剧电影与电视艺术、文化经济、中等教育、外国语言文字、中国文学、初等教育、新闻与传媒、计算机软件及计算机应用、世界文学、市场研究与信息 10 个学科。同时，研究的跨学科交叉性明显，文献的跨学科重叠率达到了 18.46%。研究层次丰富，横跨社会科学、自然科学、文化教育和其他领域，不仅有基层理论研究，也有实用创作，还有技术指导、政策研究和科普教育。

（三）参与者众多，核心已成

从研究的主体方面看，研究的参与者众多，已经形成以陈旭光、卢扬、厉震林、丁亚平、周星等为主体的核心研究者队伍和以中国传媒大学、北京电影学院、上海大学、北京师范大学、北京大学等高校为主的核心研究机构。

（四）资助力度大，期刊挑大梁

从研究的外部环境与媒介方面看，研究得到了国家、部门、地方政府的大力支持，大量文献得到了各种基金的资助，规模与力度可观。文献多来自报刊，包括艺术类期刊、学报和综合性期刊等。期刊在电影研究中扮演了主角，挑了大梁。

（五）内容丰富，形式多样

从研究的内容上看，研究主题集中在电影、微电影、动画电影、中国电影、叙事 5 个方面，其中又以电影与改编、微电影与新媒体、动画电影与国产电影、电影与传播、微电影与传播 5 个方面为热点。。

（六）方向明确，主题稳定

从研究的方向上看，女性主义、电影改编、字幕翻译、人性、主题等有可能成为电影研究领域未来的方向，研究主题比较稳定。

（七）一般性研究多，核心期刊少，热度下降，走势不明

2017 年电影研究存在的主要问题有三个：一是文献类型中一般性理论研究文献占绝大多数（96.12%），综述类和政策研究类文献占比不高；二是在文献发表的期刊中，一般期刊多，核心期刊少；三是研究热度有所下降，走势尚不明朗。

总之，2017 年电影研究属关注度高、发展良好的研究领域，成果丰硕。2018 年，在“十九大”坚定文化自信、推动社会主义文化繁荣兴盛精神指引下，中国电影研究将取得更为辉煌的成就。

参考文献

张豪锋、李海龙：《我国教育技术学研究前沿探讨——基于核心期刊关键词的共词网络与聚类分析》，《电化教育研究》2011 年第 10 期。

张洁、王红：《基于词频分析和可视化共词网络图的国内外移动学习研究热点对比分析》，《现代远距离教育》2014 年第 2 期。

王鸿海、卢斌、牛兴侦：《创意媒体》，社会科学文献出版社，2015。

卢斌、牛兴侦、郑玉明：《中国动漫产业发展报告（2016）》，社会科学文献出版社，2016。

孙立军、孙平、牛兴侦：《中国动画产业发展报告（2017）》，社会科学文献出版社，2017。

吴文聪：《计算机动画论文计量统计分析》，《办公自动化》2011 年第 24 期。

图书在版编目(CIP)数据

创意媒体. 第三辑 / 王鸿海主编. -- 北京 : 社会科学文献出版社, 2019.4

ISBN 978 - 7 - 5201 - 4318 - 9

Ⅰ. ①创… Ⅱ. ①王… Ⅲ. ①电影事业 - 研究 - 中国 Ⅳ. ①D992

中国版本图书馆 CIP 数据核字 (2019) 第 028288 号

创意媒体 (第三辑)

主　　编 / 王鸿海
执行主编 / 牛兴侦

出 版 人 / 谢寿光
责任编辑 / 吴丽平　韩莹莹

出　　版 / 社会科学文献出版社 · 人文分社 (010) 59367215
地址: 北京市北三环中路甲 29 号院华龙大厦　邮编: 100029
网址: www.ssap.com.cn
发　　行 / 市场营销中心 (010) 59367081　59367083
印　　装 / 三河市东方印刷有限公司

规　　格 / 开　本: 787mm × 1092mm　1/16
印　张: 14.25　字　数: 218 千字
版　　次 / 2019 年 4 月第 1 版　2019 年 4 月第 1 次印刷
书　　号 / ISBN 978 - 7 - 5201 - 4318 - 9
定　　价 / 89.00 元